リンカンに関係《かんけい》した地域《ちいき》

アメリカ合衆国《がっしゅうこく》で生《う》まれたリンカンに関係《かんけい》した場所《ばしょ》とできごとを記《しる》した地図《ちず》です。

1830年《ねん》　イリノイ州《しゅう》に引《ひ》っこす。

1831年《ねん》　イリノイ州《しゅう》ニューセイラムの雑貨店《ざっかてん》ではたらく

1832年《ねん》　イリノイ州《しゅう》議会議員《ぎかいぎいん》に立《りっ》候補《こうほ》するが、落選《らくせん》する。

1833年《ねん》　ニューセイラムの郵便局《ゆうびんきょく》長《ちょう》になる。

1834年《ねん》　イリノイ州《しゅう》議会議員《ぎかいぎいん》に当《とう》選《せん》する。

1836年《ねん》　弁護士試験《べんごししけん》に合格《ごうかく》する。

1842年《ねん》　メアリー・トッドと結婚《けっこん》する。

1846年《ねん》　連邦下院議員《れんぽうかいんぎいん》に当選《とうせん》する。

コミック版
世界の伝記
㊵

リンカン

漫画：迎 夏生　　監修：奥田暁代

コミック版 世界の伝記 ㊵

リンカン

目次《もくじ》

ためになる学習資料室《がくしゅうしりょうしつ》

※この作品は、歴史文献をもとにまんがとして再構成したものです。

登場人物紹介《とうじょうじんぶつしょうかい》

エイブラハム・リンカン

アメリカ合衆国《がっしゅうこく》第16代大統領《だいだいとうりょう》。貧《まず》しい開拓民《かいたくみん》の子《こ》として育《そだ》ち、学校《がっこう》にはほとんど通《かよ》えなかったが、本《ほん》を読《よ》むことが大好《だいす》きだった。さまざまな仕事《しごと》を経験《けいけん》するなかで法律《ほうりつ》に興味《きょうみ》を持《も》ち、働《はたら》きながら弁護士資格《べんごししかく》をとる。やがて、政治《せいじ》の道《みち》をこころざすようになった。エイブという愛称《あいしょう》で知《し》られる。

ナンシー・リンカン

エイブの母《はは》。エイブの将来《しょうらい》のために学校《がっこう》へ通《かよ》わせる。エイブが９歳《さい》のときに病気《びょうき》で亡《な》くなった。

トーマス・リンカン

エイブの父《ちち》。エイブには働《はたら》き手《て》として期待《きたい》していたため、勉強《べんきょう》させることに反対《はんたい》していた。妻《つま》ナンシーと死別《しべつ》し、サリーと再婚《さいこん》する。

サリー・ブッシュ・ジョンストン

トーマスと再婚《さいこん》して、エイブとサラの養母《ようぼ》になる。エイブに、結婚《けっこん》のときに持《も》ってきた本《ほん》を読《よ》むことをすすめる。

サラ・リンカン

エイブの２歳年上《さいとしうえ》の姉《あね》。母《はは》ナンシーが亡《な》くなってからは、家事《かじ》を引《ひ》き受《う》けて家庭《かてい》をささえた。

スティーブン・ダグラス

イリノイ州出身《しゅうしゅっしん》の政治家《せいじか》。どれい制度《せいど》をめぐってリンカンと対立《たいりつ》する。大統領選挙《だいとうりょうせんきょ》に民主党代表《みんしゅとうだいひょう》で出馬《しゅつば》するが、共和党代表《きょうわとうだいひょう》のリンカンに敗《やぶ》れた。

メアリー・トッド

エイブの妻《つま》。ケンタッキー州《しゅう》の名門《めいもん》トッド家《け》に生《う》まれる。リンカンに将来性《しょうらいせい》を感《かん》じて結婚《けっこん》する。リンカンとの間《あいだ》に４人《にん》の男《おとこ》の子《こ》をもうけた。

序章《じょしょう》 ゲティスバーグ

一八六三年《ねん》十一月《がつ》十九日《にち》
アメリカ合衆国《がっしゅうこく》ペンシルベニア州《しゅう》ゲティスバーグ
あの人《ひと》がリンカン大統領《だいとうりょう》? 大《おお》きな人《ひと》だね!
しっ! 演説《えんぜつ》が始《はじ》まるわ
87年前《ねんまえ》……
われわれの祖先《そせん》はすべての人《ひと》は平等《びょうどう》であるという信条《しんじょう》にもとづいた新《あたら》しい国《くに》をこの大陸《たいりく》に打《う》ち建《た》てました

現在《げんざい》われわれは 国内戦争《こくないせんそう》のさなかにあり この自由《じゆう》な国《くに》が 永続《えいぞく》できるかどうかの 試練《しれん》を受《う》けています
ここで戦《たたか》った人《ひと》びとが りっぱに進《すす》めてきた 未完《みかん》の事業《じぎょう》に 身《み》をささげるべきは
生《い》きている われわれ自身《じしん》です
それは 戦死者《せんししゃ》の死《し》を 決《けっ》してむだに しないため
この国《くに》で 神《かみ》のもとで 自由《じゆう》がふたたび 誕生《たんじょう》するため
――そして 人民《じんみん》の人民《じんみん》による 人民《じんみん》のための政治《せいじ》を
地上《ちじょう》から なくさぬように するためです

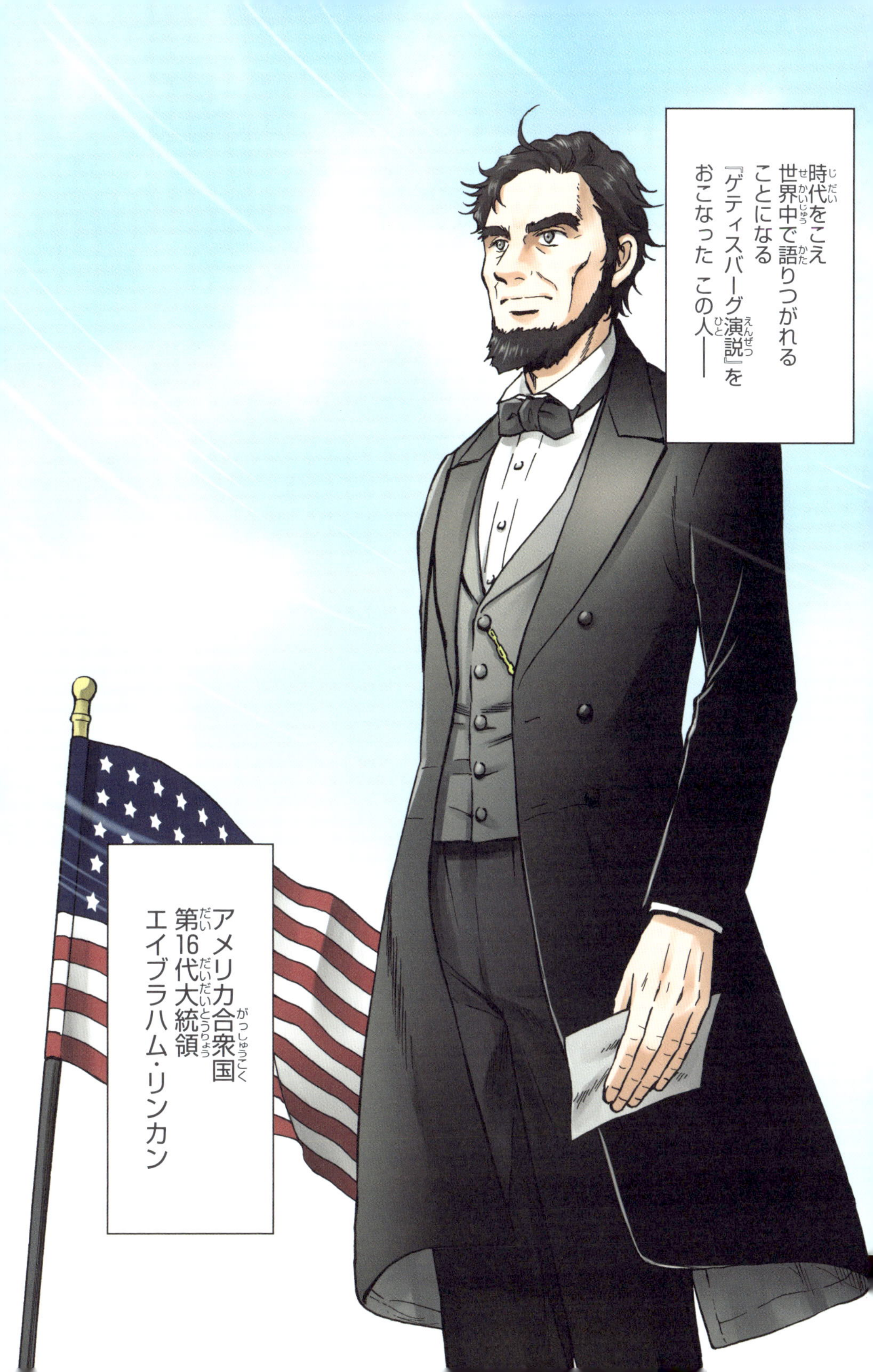
時代《じだい》をこえ世界中《せかいじゅう》で語《かた》りつがれることになる『ゲティスバーグ演説《えんぜつ》』をおこなった この人《ひと》——
アメリカ合衆国《がっしゅうこく》第《だい》16代《だい》大統領《だいとうりょう》エイブラハム・リンカン

第《だい》1章《しょう》 開拓民《かいたくみん》の子《こ》

名前《なまえ》は？
そうだな……
おれの父《とう》さんの名前《なまえ》をとってエイブラハムはどうだ？
エイブラハム……
エイブね
のちに アメリカ合衆国《がっしゅうこく》大統領《だいとうりょう》になるエイブラハム・リンカンは小《ちい》さな丸太小屋《まるたごや》で生《う》まれました

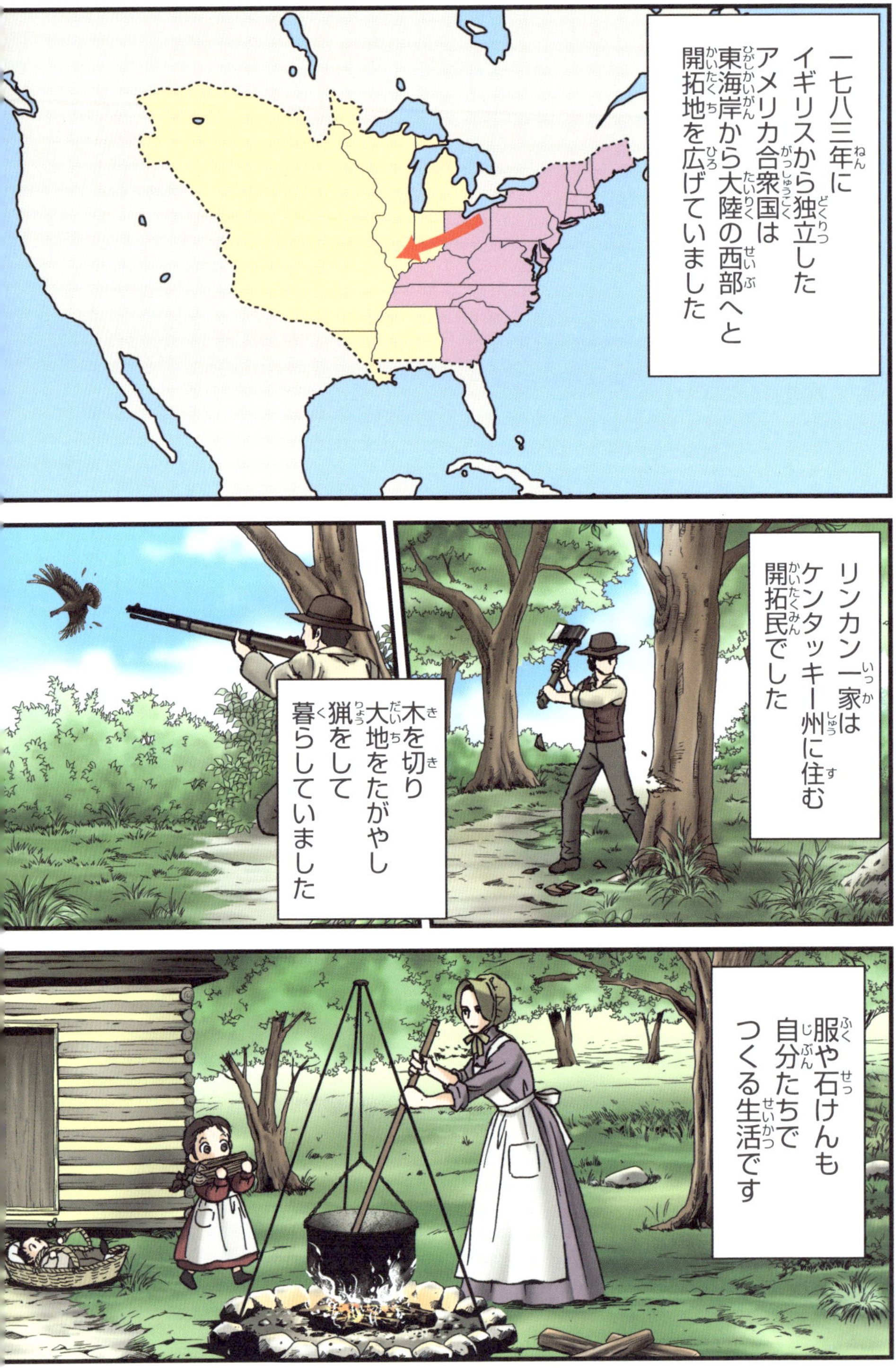
一七八三年《ねん》に
イギリスから独立《どくりつ》した
アメリカ合衆国《がっしゅうこく》は
東海岸《ひがしかいがん》から大陸《たいりく》の西部《せいぶ》へと
開拓地《かいたくち》を広《ひろ》げていました
リンカン一家《いっか》は
ケンタッキー州《しゅう》に住《す》む
開拓民《かいたくみん》でした
木《き》を切《き》り
大地《だいち》をたがやし
猟《りょう》をして
暮《く》らしていました
服《ふく》や石《せっ》けんも
自分《じぶん》たちで
つくる生活《せいかつ》です

リンカンが2歳《さい》になったころ――
なんだって!?
おれの土地《とち》がおまえのものだって!?
おれはこの土地《とち》をちゃんと金《かね》をはらって買《か》ったんだぞ!
この土地《とち》は借金《しゃっきん》のかわりにもらったのさ 私《わたし》は権利書《けんりしょ》を持《も》っている
裁判所《さいばんしょ》にも訴《うった》えた すぐに立《た》ちのいてもらおう
訴《うった》えられた!?
ひとまず近《ちか》くに土地《とち》を借《か》りて引《ひ》っこそう
裁判《さいばん》に勝《か》っておれの土地《とち》をとりもどすぞ
リンカン一家《いっか》は15キロ離《はな》れたノッブクリークに引《ひ》っこしました

トーマスは裁判《さいばん》を続《つづ》けながら新《あら》たに畑《はたけ》をたがやし家族《かぞく》は協力《きょうりょく》して働《はたら》きました
この時代《じだい》の農家《のうか》は子《こ》どもも大人《おとな》といっしょに働《はたら》くのがふつうでした
そんなある日《ひ》――
ねえトーマスこの近《ちか》くに学校《がっこう》があるのよ
サラとエイブを通《かよ》わせてあげたいわ
学校《がっこう》？
学校《がっこう》に行《い》かなくてもふたりともりっぱな働《はたら》き手《て》に育《そだ》っているじゃないか
おれもおまえも学校《がっこう》には行《い》かなかっただろう？
子《こ》どもたちには読《よ》み書《か》きをおぼえてほしいのよ
きっとあの子《こ》たちの役《やく》に立《た》つわ
……おまえがそこまで言《い》うなら……
そうしよう

この学校《がっこう》は先生《せんせい》が短《みじか》い期間《きかん》だけ来《き》て子《こ》どもたちにアルファベットや単語《たんご》を教《おし》えるものでした
ねえ勉強《べんきょう》したらこの本《ほん》みんな読《よ》めるようになるの？
そうみたいね
わあ……すごいや！
リンカンは学校《がっこう》が大好《だいす》きになりました
しばらくすると先生《せんせい》はほかの場所《ばしょ》に移動《いどう》してしまいましたが
BAT
ABC
習《なら》った文字《もじ》を何度《なんど》も何度《なんど》も木《き》の板《いた》に書《か》いて忘《わす》れないようにしました

一八一六年《ねん》
まだ裁判《さいばん》は終《お》わらないが ここも いい土地《とち》ではないし……
それなら……
みんな聞《き》いてくれ 引《ひ》っこすぞ！
えっ!?
どこに？
新《あたら》しく州《しゅう》になるインディアナだ！
政府《せいふ》が正《ただ》しく測量《そくりょう》した土地《とち》を手《て》に入《い》れられるそうだ
きっとケンタッキー州《しゅう》よりずっと豊《ゆた》かで作物《さくもつ》のとれる土地《とち》だぞ！
一家《いっか》は100キロ離《はな》れたインディアナ州《しゅう》ピジョンクリークに引《ひ》っこしました
インディアナ州《しゅう》
ピジョンクリーク
オハイオ川《がわ》
ノッブクリーク
ケンタッキー州《しゅう》

さあ新《あたら》しい気持《きも》ちで再出発《さいしゅっぱつ》だ！
父《とう》さんがんばるからな！
ぼくも！
私《わたし》も！
エイブは7歳《さい》にしては体《からだ》が大《おお》きいし力《ちから》が強《つよ》いな
あなたの助《たす》けになるわね
コーン
そろそろエイブにも銃《じゅう》の使《つか》い方《かた》を教《おし》えておこう
わあ！やったあ！

リンカンが8歳《さい》の誕生日《たんじょうび》をむかえる少《すこ》し前《まえ》のことです
あっ！七面鳥《しちめんちょう》だわ！
父《とう》さんがるすのときに…とれたら今夜《こんや》はごちそうなのに！
シッ！ぼくにまかせて
ガ

当《あ》たったわ
エイブ！
ピクッ
ピクッ
ああ
死《し》んじゃった
ぼくが
殺《ころ》したんだ！
よくやった
エイブ！
りっぱな
開拓民《かいたくみん》の男《おとこ》
だな！
はじめてエイブが
しとめた七面鳥《しちめんちょう》を
ありがたく
いただこう！
う…うん
エイブは
命《いのち》をうばったことに
心《こころ》をいためて
いるんだわ……
これ以後《いご》リンカンは
大《おお》きな獲物《えもの》に
引《ひ》き金《がね》を引《ひ》くことは
ありませんでした

一八一八年《ねん》　秋《あき》
母《はは》ナンシーのおば夫婦《ふうふ》と
ナンシーのいとこにあたる
デニス・ハンクスがいっしょに
暮《く》らすことになりました
よろしくな！
兄《にい》さんができたみたい！
ところが――
おじさん おばさん しっかりして！
ガク
ガク
ううう…
苦《くる》しい……
これは……ミルク病《びょう》だ…！
毒草《どくそう》のマルバフジバカマを
食《た》べた牛《うし》の乳《ちち》を
人間《にんげん》が飲《の》むと中毒《ちゅうどく》を起《お》こす
ことがあったのです
この病気《びょうき》のため
ふたりは
亡《な》くなりました

……!?
母《かあ》さん？
ヨロ…
う……
続《つづ》いてナンシーも
ミルク病《びょう》に
なってしまいます
ハア
ハア…
父《とう》さん
母《かあ》さんは
死《し》なないよね!?
ねえ!?
この近《ちか》くに
医者《いしゃ》はいない
もう
どうしてやることも
できないんだ
サラ……
父《とう》さんたちを
助《たす》けてね……
エイブ……
やさしい心《こころ》を
たいせつにしてね…
お母《かあ》さん……！
母《はは》ナンシーは
34歳《さい》の若《わか》さで
亡《な》くなりました

姉《ねえ》さん……!
わあああ…
エイブ……!
さあさあ 悲《かな》しんでばかりは いられない
明日《あす》は 西《にし》の森《もり》の木《き》を 切るぞ!
は……はい
リンカンは トーマスやデニスと 木《き》を切り 畑《はたけ》をたがやしました
サラは ナンシーの やっていた家事《かじ》を すべてひとりで しなくてはなりません
スー スー
疲《つか》れて いるんだな ……
服《ふく》も ボロボロだ

ふたりはまだ子《こ》どもだ……
石《せっ》けんづくりもぬいものもサラにはできない
このままじゃいけない……
ナンシーが亡《な》くなり1年《ねん》ほどたったころ――
3人《にん》ともるすをたのんだぞ行《い》ってくる
パカ
パカ
パカ
行《い》ってらっしゃい父《とう》さん
ケンタッキー州のエリザベスタウンに行《い》くんだって……
そんな遠《とお》くに何《なに》しに行《い》くんだろう
むかしの知《し》りあいに会《あ》うんですって
一八一九年《ねん》十二月《がつ》
おーーい！
ガラ
ガラ
ガラ
あっ！父《とう》さんが帰《かえ》ってきたよ！
馬車《ばしゃ》に乗《の》ってる!!

父《とう》さん お帰《かえ》りなさい――
あれっ⁉
おまえたちの 新《あたら》しい母《かあ》さんの サリーだ
おさななじみなんだが 彼女《かのじょ》も夫《おっと》を亡《な》くしたと 聞《き》いてね
サリー・ブッシュ・ジョンストン
ケンタッキーで 結婚《けっこん》したんだよ
新《あたら》しい……
母《かあ》さん……
エイブにサラ 安心《あんしん》して 私《わたし》にまかせてね
ニコッ
まずは あなたたちの 洗《せん》たくからよ！

サリーは3人《にん》の子《こ》どもを連《つ》れてきました
エリザベスよ 仲《なか》よくしてね
私《わたし》はマティルダ！
ぼくジョン！ 兄《にい》さんができてうれしいな！
サリーは明《あか》るくやさしい女性《じょせい》で子《こ》どもたちをわけへだてなく愛《あい》しました
さあ シチューができたわよ
お皿《さら》をならべて
はい 母《かあ》さん
新《あたら》しい母《かあ》さん ……ぼく 好《す》きだ
……私《わたし》もよ

サリーの持《も》ってきた荷物《にもつ》のなかには本《ほん》もありました
『ロ……ロビンソン……
……クルーソー』？
エイブ読《よ》んでいいわよ
あ……読《よ》みたいけど読《よ》み書《か》きは少《すこ》し教《おそ》わっただけだから……
エイブは勉強《べんきょう》が好《す》きな子《こ》だわ　今《いま》のうちに学校《がっこう》に行《い》かせましょう
なんだって？
農民《のうみん》は自分《じぶん》の名前《なまえ》が書《か》ければ十分《じゅうぶん》だ
エイブは体《からだ》も大《おお》きくなってりっぱな働《はたら》き手《て》になってきたんだぞ
学校《がっこう》なぞ行《い》っている時間《じかん》はない！
畑仕事《はたけしごと》が少《すく》ない季節《きせつ》だけ　いいでしょう？
お願《ねが》いよ！
しかたないなあ……

リンカンと子《こ》どもたちは学校《がっこう》に通《かよ》うことになりました
今度《こんど》の学校《がっこう》は文法《ぶんぽう》や詩《し》も教《おし》えてくれるんだよ！
算数《さんすう》も！
まあ！よかったわねえ
こらっ！帰《かえ》ったなら早《はや》く家《いえ》の仕事《しごと》をしろ！
はいっ！
エイブのやつ……学校《がっこう》へ行《い》くのは仕事《しごと》をなまけるためじゃないのか
そんなことないわ
エイブは仕事《しごと》もちゃんとやってます
ご近所《きんじょ》さんの手伝《てつだ》いもたのまれるようになったじゃないの
まあ……なまけてないならいいんだ

※アメリカ合衆国《がっしゅうこく》初代大統領《しょだいだいとうりょう》

ああっ⁉
本《ほん》がぬれてる！
屋根《やね》が雨《あめ》もりしたんだ……
ああ……借《か》りた本《ほん》なのに……
何《なに》っ？
本《ほん》をぬらしてしまった？
はい ごめんなさい べんしょうします でも今《いま》はお金《かね》がないので待《ま》っていただけませんか？
ふむ……
では うちで働《はたら》いてもらおうか
はい！働《はたら》かせてください！
リンカンはけんめいに働《はたら》きました
もちろん家《いえ》の仕事《しごと》も忘《わす》れませんでした

たった2日《ふつか》ですっかりかたづいたな
もう終《お》わりにしなさい
はい
よく働《はたら》いたね
この本《ほん》は君《きみ》のものだ
えっ⁉
でもぼくはべんしょうを……
君《きみ》の労働《ろうどう》と交換《こうかん》で本《ほん》をわたすと言《い》ってるんだ
君《きみ》が欲《ほ》しいならだがね
はい！欲《ほ》しいです！
ありがとうございます！
やった！ぼくの本《ほん》だ！
ぼくの本《ほん》だぞ――っ‼
はじめて手《て》に入《い》れた自分《じぶん》の本《ほん》をリンカンは何度《なんど》も何度《なんど》も読《よ》んだのでした

第《だい》2章《しょう》　どれい制度《せいど》

※当時《とうじ》の50セントは、現在《げんざい》の日本円《にほんえん》で約《やく》1200円《えん》

リンカンは蒸気船《じょうきせん》へ人《ひと》びとを送《おく》る仕事《しごと》を始《はじ》めました
人《ひと》にやとわれるよりこのほうがかせげるなあ
かせいだお金《かね》は父《とう》さんにわたさないといけないけど……
そんなある日《ひ》のこと
おーーーい
そこのおまえこっちへこーい！
向《む》こう岸《ぎし》からよんでいるぞ
ほくに用《よう》ですか？
ギィーー…
こいつめ！
つかまえろ！
えぇっ!?
やめてください！
なんなんですか!?
ガッ
イテッテテッ!!
グイーッ!!

※地方《ちほう》の治安《ちあん》を守《まも》るために、地元《じもと》から選《えら》ばれて任命《にんめい》される裁判官《さいばんかん》

ふむ……
この青年《せいねん》の言《い》うとおりだ
君《きみ》たちの言《い》い分《ぶん》はとおらない
くっ……
その本《ほん》には法律《ほうりつ》がぜんぶ書《か》いてあるのですか？
これはケンタッキー州《しゅう》の法律《ほうりつ》の本《ほん》だ君《きみ》の住《す》んでいるインディアナ州《しゅう》にはインディアナ州《しゅう》の法律《ほうりつ》がある
アメリカ合衆国《がっしゅうこく》は複数《ふくすう》の州《しゅう》が結《むす》びついている連邦国家《れんぽうこっか》です
州《しゅう》ごとに法律《ほうりつ》がありそれらとは別《べつ》に合衆国《がっしゅうこく》の法律《ほうりつ》もありました
君《きみ》は法律《ほうりつ》に興味《きょうみ》があるのかね？
はい！
そうかそれなら裁判《さいばん》の見学《けんがく》に来《き》たらいい
君《きみ》のような若者《わかもの》は大歓迎《だいかんげい》だ
ありがとうございます！

リンカンは裁判《さいばん》を見学《けんがく》して法律《ほうりつ》の勉強《べんきょう》をするようになりました
法律《ほうりつ》は国民全員《こくみんぜんいん》に平等《びょうどう》なものだ
もっと知《し》っておこう
一八二八年《ねん》一月《がつ》悲《かな》しいことが起《お》こりました
エイブ……サラが お産《さん》の時《とき》に亡《な》くなったの……
結婚《けっこん》して幸《しあわ》せに暮《く》らしていたサラ姉《ねえ》さん
もうすぐ赤《あか》ちゃんが生《う》まれるって喜《よろこ》んでいたのに……
ARAH LINCOLN
WIFE OF
RON GRIGSBY
FEB 10.1807
JAN 20.1828
リンカンは最愛《さいあい》の家族《かぞく》を失《うしな》ってしまったのです

エイブ元気《げんき》かね
たのみたいことがあるんだ
雑貨屋《ざっかや》のジェントリーさん
息子《むすこ》のアレンと船《ふね》で商品《しょうひん》を売《う》りながらニューオーリンズまで行《い》ってくれないか?
そんな遠《とお》くまで行《い》くのははじめてです!
ニューオーリンズまでは片道《かたみち》2千《せん》キロ 1か月《げつ》の船旅《ふなたび》です
ピジョンクリーク
オハイオ川《がわ》
ミシシッピ川《がわ》
ニューオーリンズ
エイブ大《おお》きな川《かわ》だねえ!
これがアメリカ合衆国《がっしゅうこく》で一番長《いちばんなが》い川《かわ》ミシシッピ川《がわ》だな

とうとう ルイジアナ州《しゅう》まで 来《き》たぞ！
もう少《すこ》しで ニューオーリンズだ
明日《あす》も早起《はやお》きだ 早《はや》く寝《ね》よう
ガサッ
スー…
スー…
……ん？
!!
起《お》きろ！ アレン 泥棒《どろぼう》だ!!
ガシッ
積《つ》み荷《に》を 返《かえ》せっ!!

ドガ
ドッ
アレン 船《ふね》を出《だ》すんだ!
バシャーン
くそおー 逃《に》げられた
バシャ
バシャ
なんて 力持《ちからも》ち なんだ
なんとか 助《たす》かったな
エイブ 血《ち》が出《で》てる!
君《きみ》がいなかったら たいへんなことに なっていた……
積《つ》み荷《に》が 無事《ぶじ》で よかったよ
もう少《すこ》しで ニューオーリンズだ 気《き》を引《ひ》きしめて 行《い》こう

リンカンたちはニューオーリンズに到着《とうちゃく》しました
大《おお》きくてにぎやかな町《まち》だなあ！
積《つ》み荷《に》と船《ふね》を売《う》りふたりは蒸気船《じょうきせん》に乗《の》ってインディアナ州《しゅう》に帰《かえ》りました
一八三〇年《ねん》三月《がつ》
イリノイ州《しゅう》に住《す》んでいるナンシーのいとこのジョン・ハンクスからこちらに移住《いじゅう》しないかと手紙《てがみ》が来たんだ
この土地《とち》はミルク病《びょう》が怖《こわ》いし新《あたら》しい土地《とち》で再出発《さいしゅっぱつ》だ！
ここは母《かあ》さんと姉《ねえ》さんが亡《な》くなった土地《とち》だから……
そのほうがいいのかもしれないな……
一家《いっか》は300キロ離《はな》れたイリノイ州《しゅう》メイコン郡《ぐん》に引《ひ》っこしました
イリノイ州《しゅう》
インディアナ州《しゅう》
ケンタッキー州《しゅう》

しかし
1年後《ねんご》──
たいへんな寒《さむ》さと大雪《おおゆき》になったのです
ゴオオォ…
こんな土地《とち》ではやっていけない
春《はる》になったら新《あたら》しい土地《とち》を探《さが》そう……
父《とう》さん…… ぼくは ここに残《のこ》ろうと思《おも》う
なんだと？
雑貨商《ざっかしょう》のオファットさんに春《はる》になったら船《ふね》で荷物《にもつ》を運《はこ》ぶ仕事《しごと》をたのまれているんだ
あなた…… エイブも21歳《さい》です ひとり立《だ》ちの時《とき》ですよ
そうかも しれんな……
エイブ しっかり やるんだぞ
ゴオオオ…

リンカンとともにメイコン郡《ぐん》に残《のこ》った義理《ぎり》の弟《おとうと》ジョンとジョン・ハンクスは雑貨商《ざっかしょう》のオファットにやとわれました
エイブよろしくたのむよ
はいオファットさん
3人《にん》は自作《じさく》の船《ふね》に荷物《にもつ》を積《つ》んでニューオーリンズへ出発《しゅっぱつ》しました
ニューオーリンズ
すごい町《まち》だね！
ジョン・ハンクスも来《く》ればよかったのに途中《とちゅう》で帰《かえ》っちゃうなんて
しかたないよ家族《かぞく》のところへ早《はや》く帰《かえ》りたかったんだから
早《はや》く積《つ》み荷《に》を売《う》って町《まち》の見物《けんぶつ》に行《い》こうよ！
ようし！

3年前《ねんまえ》に来《き》た時《とき》より大《おお》きな町《まち》になっているな
あの大《おお》きな建物《たてもの》はなんだろう？
さあさあ次《つぎ》の商品《しょうひん》だ！
市場《いちば》？
健康《けんこう》で若《わか》い男《おとこ》のどれい！
400ドルからだ！
AUCTION SALE of SLAVES
450ドル！
500ドル！
なんなの……これ……
ここはどれい市場《いちば》だ！

※当時《とうじ》の100ドルは、現在《げんざい》の日本円《にほんえん》で約《やく》25万円《まんえん》

よし
決《き》まりだ！
母《かあ》さんっ！
話《はなし》には
聞《き》いていたけど
……
人間《にんげん》が値段《ねだん》を
つけられて
売《う》られていく
なんて！
ここは
自由《じゆう》の国《くに》
アメリカじゃ
ないのか!!
このできごとは
リンカンの心《こころ》に
深《ふか》くきざみつけられ
ました

第《だい》3章《しょう》　正直者《しょうじきもの》エイブ

一八三一年《ねん》九月《がつ》
Offutt's GENERAL MERCHANDISE STORE
22歳《さい》のリンカンは雑貨商《ざっかしょう》のオファットがニューセイラムに開《ひら》いた新《あたら》しい店《みせ》で働《はたら》くことになりました
お客《きゃく》さんがいない時《とき》は店《みせ》の本《ほん》を自由《じゆう》に読《よ》んでいいからね
ありがとうございますオファットさん
リンカンは店《みせ》の本《ほん》や新聞《しんぶん》を次《つぎ》から次《つぎ》に読《よ》みました
エイブ今日《きょう》の新聞《しんぶん》も読《よ》んでくれないか
お客《きゃく》さんの新聞《しんぶん》を読《よ》んであげることもありました
はい！
この時代《じだい》は大人《おとな》でも字《じ》を読《よ》めない人《ひと》がたくさんいたのです

※当時《とうじ》の6セントは、現在《げんざい》の日本円《にほんえん》で約《やく》150円《えん》

オファットさん お客《きゃく》さんの家《いえ》に まちがえたおつりを 届《とど》けに行《い》ってきます
えっ？ もう夜《よる》になるぞ 明日《あす》にしたら……
いえ！ こういうことは 早《はや》いほうが いいですから！
ガチャ
ヒュウゥゥゥ…
あの お客《きゃく》さんの家《いえ》は ※3マイル先《さき》の 農家《のうか》だったな
※約《やく》4・8キロメートル
こんばんは！ オファット雑貨店《ざっかてん》の エイブです
トン トン
エイブ どうしたの？
じつは昼間《ひるま》 おつりをまちがえて しまったので お届《とど》けに来《き》ました

あら おいくら？
6セントです
ええっ!?
たった6セントのために夜道《よみち》を歩《ある》いてきたの？ 1時間《じかん》はかかる道《みち》よ
はい ぼくが悪《わる》いのですから
町《まち》の人《ひと》が正直者《しょうじきもの》だと言《い》っていたけど ほんとうねえ
すみません 二度《にど》とまちがえないようにします
失礼《しつれい》します
……とまあ ほんとうにエイブは正直者《しょうじきもの》だよ
わっはっは
おまけに 頭《あたま》がよくて働《はたら》き者《もの》 それに力《ちから》も強《つよ》いんだ！
Offutt's GENERAL MERCHA
へえ！ 荒《あら》くれ者《もの》のジャックより強《つよ》いっていうのか？
そうだ！ レスリングの試合《しあい》をさせてみればいいんじゃないか？
そうだ そうだ！

ええっ!?
レスリングの
試合《しあい》ですって!?
つい約束《やくそく》して
しまったんだ
たのむよ
しかたない
ですねえ……
翌日《よくじつ》——
エイブとかいう
店番《みせばん》が強《つよ》いだと!?
ワーッ
ワーッ
※おれたち
クレアリーズ・グローブ・
ボーイズのリーダー
ジャックが一番《いちばん》だ!
ジャック・アームストロング
カーン
始《はじ》め!
ワーッ
ガッ
ズズ

グググググ
うおっ!?
ワーッ
なかなかやるなっ
ハァハァ
君《きみ》こそそうとう強《つよ》いな
ハァ
グググ
おい!勝負《しょうぶ》は引《ひ》き分《わ》けだ!
こいつの力《ちから》はたいしたもんだ!おれは強《つよ》い男《おとこ》と認《みと》めるぜ!
オオーッ
こうしてこの地域《ちいき》の若者《わかもの》たちはリンカンを高《たか》く評価《ひょうか》するようになりました

リンカンは町《まち》の討論《とうろん》クラブに参加《さんか》しました
ここでは町《まち》のことから国《くに》の政治《せいじ》のことまで意見《いけん》を出《だ》し話《はな》しあいます
このクラブには町《まち》の知識人《ちしきじん》や有力者《ゆうりょくしゃ》が集《あつ》まっていました
エイブはほとんど学校《がっこう》に行《い》ってないとは思《おも》えないほど頭《あたま》がいいなあ
話《はなし》もうまいし政治家《せいじか》になったらいいのではないかな？
ちょうどイリノイ州議会《しゅうぎかい》議員選挙《ぎいんせんきょ》がある立候補《りっこうほ》しないか？
ぼくが州議会議員《しゅうぎかいぎいん》ですか？
学《がく》のある人《ひと》たちがおまえに議員《ぎいん》になれって？
エイブみたいな正直《しょうじき》な男《おとこ》が議員《ぎいん》になってくれたら町《まち》のためになる
おれたちも仲間《なかま》に話《はな》して応援《おうえん》するぜ！
そうか……考《かんが》えてみるよ

※自分《じぶん》から望《のぞ》んで州《しゅう》の編成《へんせい》する部隊《ぶたい》に参加《さんか》した兵隊《へいたい》

ニューセイラムに帰《かえ》ってきたリンカンはイリノイ州議会選挙《しゅうぎかいせんきょ》の選挙活動《せんきょかつどう》を再開《さいかい》しましたが落選《らくせん》してしまいました
くやしいなあ！
エイブはニューセイラム以外《いがい》ではまだあまり知《し》られてないからか？
ニューセイラムの300票《ぴょう》のうち277票《ひょう》はとれたんだからいい結果《けっか》さ
また次《つぎ》の機会《きかい》があるよ
エイブ仕事《しごと》がないならおれと雑貨店《ざっかてん》をやらないか？
いいよベリー
リンカンは義勇兵《ぎゆうへい》の部隊《ぶたい》でいっしょだったベリーと雑貨店《ざっかてん》を始《はじ》めました
ところが——
ベリー昨日《きのう》の売《う》り上《あ》げがないんだけど……
あっ……ああ
ちょっと借《か》りたんだ
ベリーはかせいだお金《かね》をすぐお酒《さけ》に使《つか》ってしまうのです
困《こま》ったな……
これでは生活《せいかつ》できないぞ

エイブが仕事《しごと》を探《さが》しているんだって？
何《なに》か彼《かれ》に向《む》いているいい仕事《しごと》がないかな？
友人《ゆうじん》たちのすすめでリンカンはニューセイラムの郵便局長《ゆうびんきょくちょう》になりました
郵便局長《ゆうびんきょくちょう》といっても局員《きょくいん》はひとりだけなので配達《はいたつ》もするのです
郵便局長《ゆうびんきょくちょう》さんだ！
うちにお手紙《てがみ》ある？
どうかな？
はい！
ありがとう帽子《ぼうし》の局長《きょくちょう》さん！
届《とど》いた新聞《しんぶん》を読《よ》めるのはいい仕事《しごと》だな
でもこの安《やす》い給料《きゅうりょう》じゃぜんぜんたりないもっとかせげる仕事《しごと》もしたいな

なあエイブ 測量《そくりょう》の仕事《しごと》をしてみないか
君《きみ》なら信頼《しんらい》してまかせられる
はい！ カルフーンさん やらせてください
測量《そくりょう》のことは何《なに》も知《し》らないけど本《ほん》で勉強《べんきょう》すればいい
リンカンはわずか6週間《しゅうかん》で測量《そくりょう》の知識《ちしき》を身《み》につけました
土地《とち》を正確《せいかく》に測《はか》る測量《そくりょう》は郡《ぐん》の役所《やくしょ》から依頼《いらい》される仕事《しごと》です
たいへんだけど1日《にち》3ドルもらえるいい仕事《しごと》だなあ
一八三四年《ねん》
リンカンはふたたびイリノイ州《しゅう》議会議員《ぎかいぎいん》選挙《せんきょ》に立候補《りっこうほ》しました
投票《とうひょう》する人《ひと》たちにはむずかしい政治《せいじ》の話《はなし》をしないようにしよう
まず ぼくを知《し》ってもらえるようにあいさつをしよう
以前《いぜん》より知《し》りあいがふえていたリンカンは初当選《はつとうせん》しました その後《ご》も4期《き》(8年《ねん》)議員《ぎいん》をつとめました

※当時《とうじ》の千百《せんひゃく》ドルは、現在《げんざい》の日本円《にほんえん》で約《やく》300万円《まんえん》

※その場《ば》で直接見聞《ちょくせつみき》きすること

※上流階級《じょうりゅうかいきゅう》の人《ひと》びとが集《あつ》まって交際《こうさい》する場《ば》

？
スタ
スタ
スタ
あ
エイブ
紹介《しょうかい》しよう こちらは メアリー・トッド
あなたが エイブラハム・リンカンですね
いとこの ジョン・トッド・スチュワートから 優秀《ゆうしゅう》な政治家《せいじか》だと 聞《き》いておりますわ
え……ああ スチュワートの……
ずいぶん 気《き》の強《つよ》そうな 積極的《せっきょくてき》な女性《じょせい》だな……

ねえメアリー あなたは ケンタッキーの 大金持《おおがねも》ちの令嬢《れいじょう》で 社交界《しゃこうかい》の花形《はながた》よ
どうして あんな 学校《がっこう》も出《で》ていない いなか者《もの》の男性《だんせい》に 興味《きょうみ》を持《も》つの？
私《わたし》が 結婚《けっこん》したいのは お金持《かねも》ちでも 育《そだ》ちのいい人《ひと》でも 美男《びなん》でもないの
小《ちい》さいころから うちに出入《でい》りする 政治家《せいじか》たちを たくさん 見《み》てきたわ
私《わたし》が 結婚《けっこん》したい のは―― 未来《みらい》の アメリカ合衆国《がっしゅうこく》大統領《だいとうりょう》よ！
一八四二年《ねん》十一月四日《がつよっか》 リンカンはメアリーと 結婚《けっこん》しました

第《だい》4章《しょう》 アメリカ合衆国大統領《がっしゅうこくだいとうりょう》

一八四四年《ねん》
リンカンは
スプリングフィールドに
家《いえ》を買《か》って暮《く》らしていました
では
行《い》ってくるよ
メアリー
ロバート
行《い》ってらっしゃい
パパ！
リンカンは
弁護士《べんごし》を続《つづ》けながら
※1連邦議会《れんぽうぎかい》への進出《しんしゅつ》を
めざしていました
リンカンは
所属《しょぞく》するホイッグ党《とう》の
応援《おうえん》を受《う》け
一八四七年《ねん》十二月《がつ》
アメリカ合衆国《がっしゅうこく》
※2下院議員《かいんぎいん》に選《えら》ばれ
ました
やったわ
エイブ！
さすが私《わたし》の
見《み》こんだ人《ひと》ね！

※1 アメリカ合衆国議会《がっしゅうこくぎかい》のこと。国《くに》の法律《ほうりつ》を定《さだ》める機関《きかん》

※2 連邦議会《れんぽうぎかい》は上院《じょういん》と下院《かいん》の二院《にいん》で構成《こうせい》されている

※エドワードの愛称《あいしょう》

アメリカ合衆国《がっしゅうこく》
下院議会《かいんぎかい》
アメリカ領土内《りょうどない》に
メキシコ軍《ぐん》が侵入《しんにゅう》し
わが国民《こくみん》の血《ち》が流《なが》れたと
大統領《だいとうりょう》は言《い》われました
しかし その土地《とち》が
アメリカの領土《りょうど》
であるという確証《かくしょう》は
あったのでしょうか？
なければ この戦争《せんそう》は大統領《だいとうりょう》に
よって その必要《ひつよう》もないのに
また 憲法《けんぽう》に反《はん》して始《はじ》められた
ことになります
ポーク大統領《だいとうりょう》に十分《じゅうぶん》に
公正《こうせい》に 率直《そっちょく》に
答《こた》えていただきたい
事実《じじつ》に基《もと》づいた
裏《うら》づけのない議論《ぎろん》は
なしに
答《こた》えていただきたい
言《い》い逃《のが》れや
あいまいな言葉《ことば》を
使《つか》わずに答《こた》えて
いただきたい！
メキシコ戦争《せんそう》を
正《ただ》しくないと
言《い》うのか
ザワ
ザワ
ザワ…
新人議員《しんじんぎいん》が
何《なに》を
なまいきな
リンカンの意見《いけん》は
大統領《だいとうりょう》に無視《むし》されて
しまいました
第《だい》11代大統領《だいだいとうりょう》
ジェームズ・ポーク

あなた！
イリノイ州《しゅう》でも
あなたは
正《ただ》しい戦争《せんそう》を非難《ひなん》する
非愛国者《ひあいこくしゃ》だという評判《ひょうばん》よ！
あなたのせいで
私《わたし》まで肩身《かたみ》が
せまいわ！
キャッキャッ
そうかい？
せっかく社交界で
あなたの助《たす》けに
なろうと思《おも》って
いたのに……
これでは
やっていけません！
ケンタッキーの
実家《じっか》に子《こ》どもたちと
帰《かえ》ります！
ひとり
ワシントンD.C.《ディーシー》に
残《のこ》ったリンカンは
2年《ねん》の任期《にんき》を
つとめあげ
スプリングフィールドに
帰《かえ》ってきました
メアリー
下院議員《かいんぎいん》の
2期目《きめ》には
立候補《りっこうほ》しない
弁護士業《べんごしぎょう》を
がんばるよ
弁護士《べんごし》を続《つづ》けて
もっと自分《じぶん》を
みがこう
政治《せいじ》に帰《かえ》るのは
それからだ

リンカンは巡回弁護士《じゅんかいべんごし》としてあちこちの町《まち》を回《まわ》りました
事件《じけん》で困《こま》っている人《ひと》びとや弁護士《べんごし》は誠実《せいじつ》で公平《こうへい》なリンカンをたよりにしました
リンカンが弁護《べんご》した有名《ゆうめい》な事件《じけん》はアームストロングの殺人事件《さつじんじけん》です
メッカーという男《おとこ》が村《むら》はずれの畑《はたけ》でなぐり殺《ころ》されているのが発見《はっけん》された
容疑者《ようぎしゃ》は友人《ゆうじん》のダフ・アームストロング
目撃者《もくげきしゃ》はやはり同《おな》じ村《むら》の若者《わかもの》チャールズ・アレンか
息子《むすこ》のダフは人《ひと》を殺《ころ》すような子《こ》ではありません！
チャールズがうそをついているのです！
お母《かあ》さん落《お》ち着《つ》いて話《はな》してください
うそだと思《おも》う理由《りゆう》があるのですか？
ダフは人殺《ひとごろ》しなどしていないと言《い》っています
うそをつかない子《こ》だということは村《むら》の人《ひと》に聞《き》いていただければわかります
わかりました調《しら》べてみましょう

リンカンはていねいに弁護《べんご》のための資料《しりょう》を集《あつ》めました
そして裁判《さいばん》が開《ひら》かれました
チャールズ 君《きみ》はダフがメッカーを殺《ころ》したところを見《み》たのですね？
はい！
どこから見《み》ていたのですか？
※150フィートくらい離《はな》れた畑《はたけ》のはずれです
150フィート
何時《なんじ》ごろ？
夜《よる》……11時半《じはん》ごろでした
夜遅《よるおそ》い時間《じかん》に150フィート離《はな》れたところからよくダフだとわかりましたね
それは……
満月《まんげつ》が出《で》ていたからですよ！
月《つき》が明《あか》るくてダフの顔《かお》がはっきり見《み》えたんです！

※約《やく》45メートル

これは
暦《こよみ》の本《ほん》です
これには1年《ねん》の
月《つき》の出《で》と月《つき》の入《い》り時間《じかん》が
すべてのっています
え？
これによると
その時間《じかん》には
月《つき》は沈《しず》んでいた
ことになります
暗《くら》かったはずですが……
君《きみ》は確《たし》かに
ダフの顔《かお》を
見《み》たのですか？
そ それは……
チャールズの
証言《しょうげん》はうそだった！
ダフは
無罪《むざい》！
うその証言《しょうげん》を見破《みやぶ》った
リンカンは ますます
優秀《ゆうしゅう》な弁護士《べんごし》として
知《し》られるように
なったのです
リンカンは
大統領《だいとうりょう》になるまで
弁護士《べんごし》を続《つづ》けました

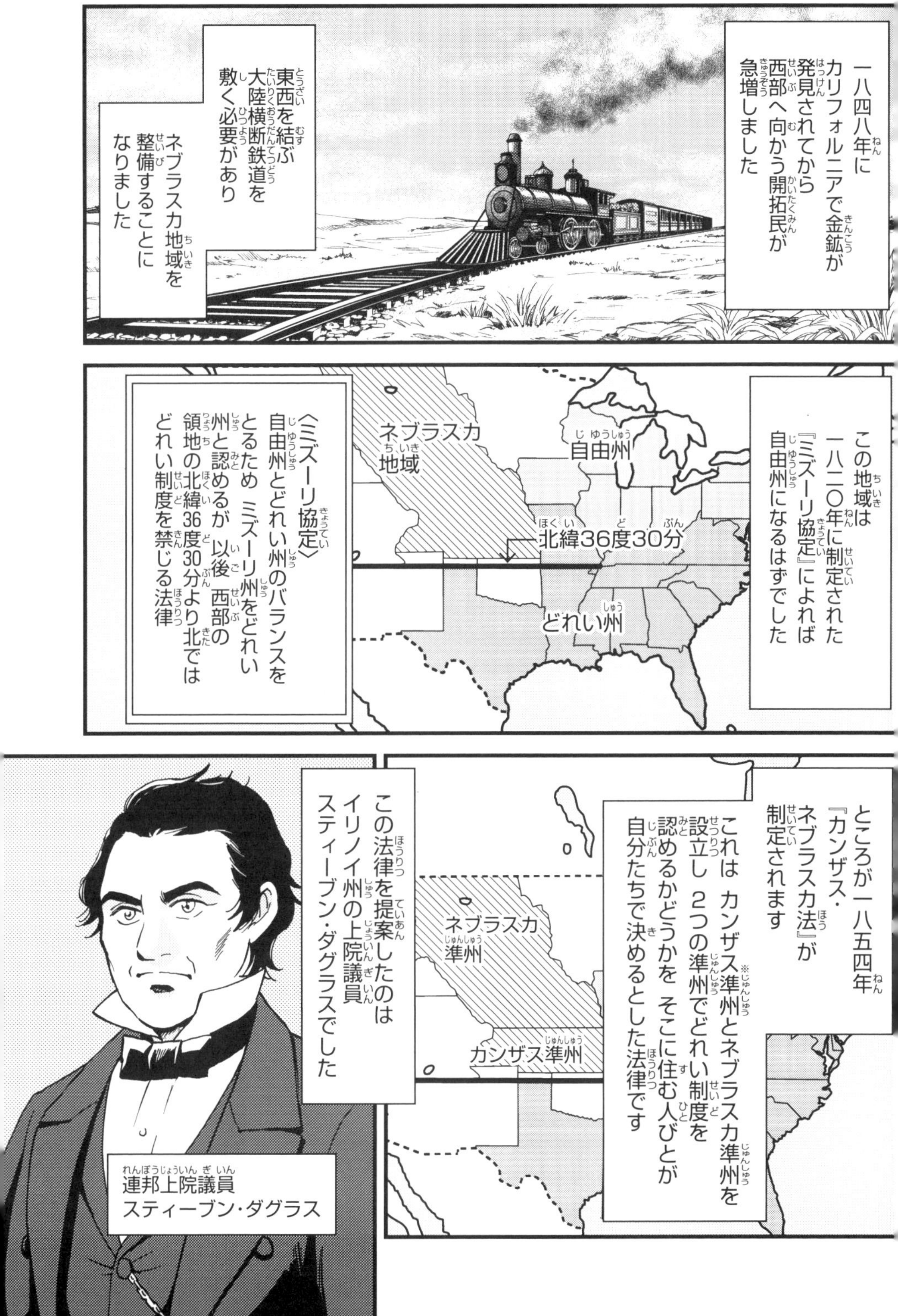
一八四八年《ねん》にカリフォルニアで金鉱《きんこう》が発見《はっけん》されてから西部《せいぶ》へ向《む》かう開拓民《かいたくみん》が急増《きゅうぞう》しました
東西《とうざい》を結《むす》ぶ大陸横断鉄道《たいりくおうだんてつどう》を敷《し》く必要《ひつよう》があり
ネブラスカ地域《ちいき》を整備《せいび》することになりました
この地域《ちいき》は一八二〇年《ねん》に制定《せいてい》された『ミズーリ協定《きょうてい》』によれば自由州《じゆうしゅう》になるはずでした
自由州《じゆうしゅう》
ネブラスカ地域《ちいき》
北緯《ほくい》36度《ど》30分《ぶん》
どれい州《しゅう》
〈ミズーリ協定《きょうてい》〉自由州《じゆうしゅう》とどれい州《しゅう》のバランスをとるため ミズーリ州《しゅう》をどれい州《しゅう》と認《みと》めるが 以後《いご》 西部《せいぶ》の領地《りょうち》の北緯《ほくい》36度《ど》30分《ぶん》より北《きた》ではどれい制度《せいど》を禁《きん》じる法律《ほうりつ》
ところが一八五四年《ねん》『カンザス・ネブラスカ法《ほう》』が制定《せいてい》されます
これは カンザス準州《※じゅんしゅう》とネブラスカ準州《じゅんしゅう》を設立《せつりつ》し 2つの準州《じゅんしゅう》でどれい制度《せいど》を認《みと》めるかどうかを そこに住《す》む人《ひと》びとが自分《じぶん》たちで決《き》めるとした法律《ほうりつ》です
ネブラスカ準州《じゅんしゅう》
カンザス準州《じゅんしゅう》
この法律《ほうりつ》を提案《ていあん》したのはイリノイ州《しゅう》の上院議員《じょういんぎいん》スティーブン・ダグラスでした
連邦上院議員《れんぽうじょういんぎいん》スティーブン・ダグラス

人民《じんみん》に支配《しはい》させよ!
制度《せいど》を決《き》めるのはそこに住《す》む住民《じゅうみん》だ それこそが民主主義《みんしゅしゅぎ》である!
なんということだ!
ミズーリ協定《きょうてい》を撤廃《てっぱい》し北部《ほくぶ》にどれい州《しゅう》が広《ひろ》がる可能性《かのうせい》を議会《ぎかい》が認《みと》めるとは!
※州《しゅう》の議員《ぎいん》のままでは、連邦《れんぽう》の議員《ぎいん》にはなれない
一八五四年《ねん》リンカンは周囲《しゅうい》の人《ひと》にすすめられて
当選《とうせん》していた※州《しゅう》議員《ぎいん》を辞職《じしょく》し連邦上院議員《れんぽうじょういんぎいん》に立候補《りっこうほ》しました
しかし落選《らくせん》してしまいました
どれい制度拡大《せいどかくだい》に反対《はんたい》するリンカンたちは民主党《みんしゅとう》に対抗《たいこう》するため共和党《きょうわとう》という新《あたら》しい党《とう》を結成《けっせい》しました
われわれ共和党《きょうわとう》の目的《もくてき》は どれい州《しゅう》を昔《むかし》からのどれい州《しゅう》だけにとどめること! そして自由州《じゆうしゅう》とどれい州《しゅう》の争《あらそ》いを防《ふせ》ぐことである

どれい制度《せいど》 賛成派《さんせいは》
ドドド…
投票でどれい州《しゅう》になるか決《き》まるんだ！
移住《いじゅう》して人口《じんこう》をふやすぞ！
どれい制度《せいど》 反対派《はんたいは》
ドドド…
カンザスをどれい州《しゅう》にしてなるものか！
こちらも移住者《いじゅうしゃ》をふやせ！
カンザスはどれい制度《せいど》をめぐり賛成派《さんせいは》と反対派《はんたいは》の争《あらそ》いの場《ば》となりました
戦《たたか》いが起《お》こり死傷者《ししょうしゃ》が出《で》てまさに戦争《せんそう》のような状態《じょうたい》になったのです
一八五二年《ねん》に出版《しゅっぱん》された『アンクルトムの小屋《こや》』という小説《しょうせつ》が アメリカ中《じゅう》で評判《ひょうばん》になっていました
黒人《こくじん》どれいトムの悲《かな》しい人生《じんせい》を描《えが》きどれい制度《せいど》を批判《ひはん》したものでした
UNCLE TOM'S CABIN;
LIFE AMONG THE LOWLY
VOL. I.
どれいはこんなにひどいめにあっているの？
やはりどれい制度《せいど》は廃止《はいし》すべきだ！
この小説《しょうせつ》はどれい州《しゅう》と自由州《じゆうしゅう》の争《あらそ》いを ますます激《はげ》しくさせることになりました

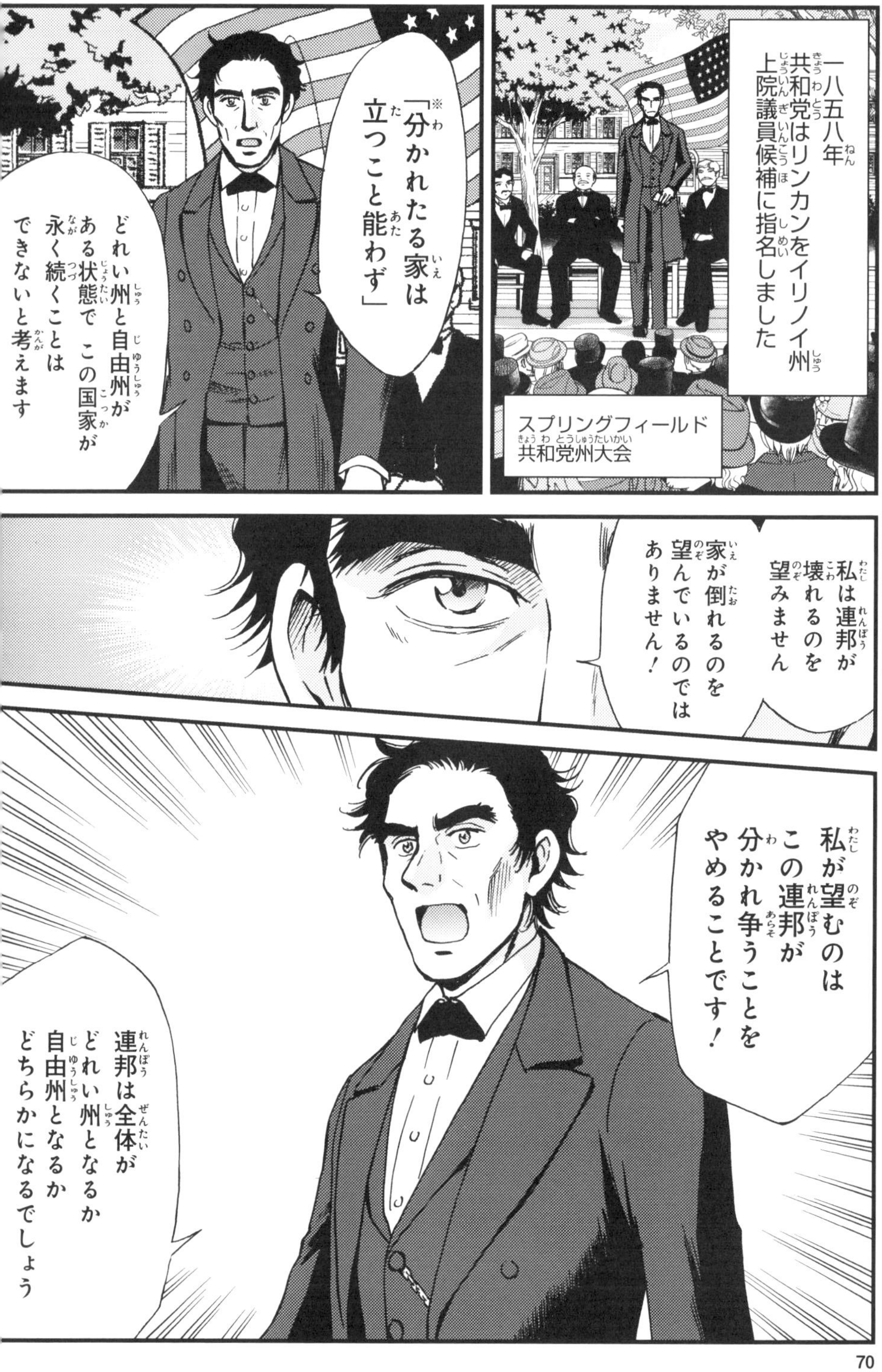
一八五八年《ねん》 共和党《きょうわとう》はリンカンをイリノイ州《しゅう》上院議員候補《じょういんぎいんこうほ》に指名《しめい》しました
スプリングフィールド 共和党州大会《きょうわとうしゅうたいかい》
「※分《わ》かれたる家《いえ》は立《た》つこと能《あた》わず」
どれい州《しゅう》と自由州《じゆうしゅう》がある状態《じょうたい》で この国家《こっか》が永《なが》く続《つづ》くことはできないと考《かんが》えます
私《わたし》は連邦《れんぽう》が壊《こわ》れるのを望《のぞ》みません
家《いえ》が倒《たお》れるのを望《のぞ》んでいるのではありません！
私《わたし》が望《のぞ》むのはこの連邦《れんぽう》が分《わ》かれ争《あらそ》うことをやめることです！
連邦《れんぽう》は全体《ぜんたい》がどれい州《しゅう》となるか自由州《じゆうしゅう》となるかどちらかになるでしょう

※『新約聖書《しんやくせいしょ》』マルコ伝《でん》の一節《いっせつ》

民主党《みんしゅとう》のイリノイ州上院議員《しゅうじょういんぎいん》候補者《こうほしゃ》はダグラスです
何《なに》？
共和党《きょうわとう》のリンカンが公開討論会《こうかいとうろんかい》を申《もう》し込《こ》んできた？
よし！受《う》けて立《た》とう！
リンカンとダグラスの討論会《とうろんかい》だってさ
「正直者《しょうじきもの》エイブ」と「小《ちい》さな巨人《きょじん》」の対決《たいけつ》だ！
これは聞《き》きに行《い》かないと！
討論会《とうろんかい》はイリノイ州《しゅう》の町《まち》を回《まわ》りながら7回開《かいひら》かれました
リンカンは独立宣言《どくりつせんげん》において「すべての人《ひと》は平等《びょうどう》である」と書《か》かれている……と言《い》う
黒人《こくじん》もすべてにおいて白人《はくじん》と平等《びょうどう》ならば「黒人《こくじん》を排除《はいじょ》する」というイリノイ州《しゅう》の州法《しゅうほう》は無効《むこう》になってしまう！
それぞれの州《しゅう》の法律《ほうりつ》は住民《じゅうみん》が決《き》めるという自治権《じちけん》があるのにだ！

黒人《こくじん》は皮《ひ》ふの色《いろ》において……
そのほか多《おお》くの点《てん》でわれわれと同《おな》じではありません
しかし「生命《せいめい》 自由《じゆう》 および幸福《こうふく》の追求《ついきゅう》」に対《たい》する権利《けんり》において平等《びょうどう》です
自分《じぶん》の手《て》で得《え》たパンを口《くち》にする権利《けんり》は白人黒人《はくじんこくじん》にかかわらずすべての者《もの》に平等《びょうどう》に認《みと》めなければならないのです！
独立以来《どくりついらい》南部《なんぶ》のどれい制度《せいど》は認《みと》められてきた！
州《しゅう》の問題《もんだい》はそれぞれの州《しゅう》で決《き》めるべきである！
どれい制度《せいど》は人道的《じんどうてき》に悪《あく》です
だからこそ建国者《けんこくしゃ》たちは北部《ほくぶ》のどれい制度《せいど》を禁止《きんし》したのです！
私《わたし》はこれ以上《いじょう》どれい制度《せいど》が広《ひろ》がることに反対《はんたい》します
そうすればそのうちにどれい制度《せいど》はなくなるでしょう

この選挙《せんきょ》で勝《か》ったのはダグラスでした
おしかったなぁ もう少《すこ》しだったのに……
1回《かい》負《ま》けたからといって……
いや 100回《かい》負《ま》けたとしても市民《しみん》の自由《じゆう》の追求《ついきゅう》をあきらめてはならないよ
落選《らくせん》はしましたがこの討論会《とうろんかい》は広《ひろ》く国内《こくない》で知《し》られることになりました
このリンカンという男《おとこ》なかなかの人物《じんぶつ》だぞ
私《わたし》はリンカンの言《い》い分《ぶん》が正《ただ》しいと思《おも》うぞ！
いやいや やはりダグラスのほうが……
そして一八六〇年《ねん》
リンカンは共和党《きょうわとう》の大統領指名選挙《だいとうりょうしめいせんきょ》で大統領候補《だいとうりょうこうほ》に選《えら》ばれました
ワーッ
ABRAHAM LINCOLN
あなた！アメリカ中《じゅう》から応援《おうえん》の手紙《てがみ》が届《とど》いているわ
みんなあなたに期待《きたい》しているのよ！
ははは うれしいね

ほう……
あら 何《なに》か楽《たの》しいお手紙《てがみ》ですか？
11歳《さい》の女《おんな》の子《こ》からの手紙《てがみ》だよ
私《わたし》はニューヨーク州《しゅう》の11歳《さい》の女《おんな》の子《こ》です
私《わたし》はあなたに大統領《だいとうりょう》になってほしいと願《ねが》っています
もし あなたがおひげをはやしたらもっとすてきに見《み》えると思《おも》います
そうしたら女性《じょせい》たちはあなたに投票《とうひょう》するように自分《じぶん》の夫《おっと》にせがむでしょう
むむ…
※女性《じょせい》に投票権《とうひょうけん》はありませんから私《わたし》はまわりの男性《だんせい》たちにあなたに投票《とうひょう》するようによびかけます
さようなら グレース・ベデル
※この時代《じだい》、投票《とうひょう》する権利《けんり》は男性《だんせい》だけのものだった
親愛《しんあい》なるグレースへ
すてきなお手紙《てがみ》を受《う》けとりました
ひげを今《いま》まではやしたことがありませんはやしたらみんながおかしいと思《おも》わないでしょうか？
リンカンはこの少女《しょうじょ》に返事《へんじ》の手紙《てがみ》を書《か》きました

ほかの人《ひと》のすすめもあったのでリンカンはひげをはやしました
あなたりっぱに見《み》えるわよ
そうかな？
民主党《みんしゅとう》は北部《ほくぶ》と南部《なんぶ》で分裂《ぶんれつ》してそれぞれ候補者《こうほしゃ》を立《た》てました
票《ひょう》が割《わ》れる
これは共和党《きょうわとう》に有利《ゆうり》だぞ！
そして一八六〇年《ねん》十一月六日《がつむいか》
リンカンは第《だい》16代大統領《だいだいとうりょう》に選《えら》ばれたのです

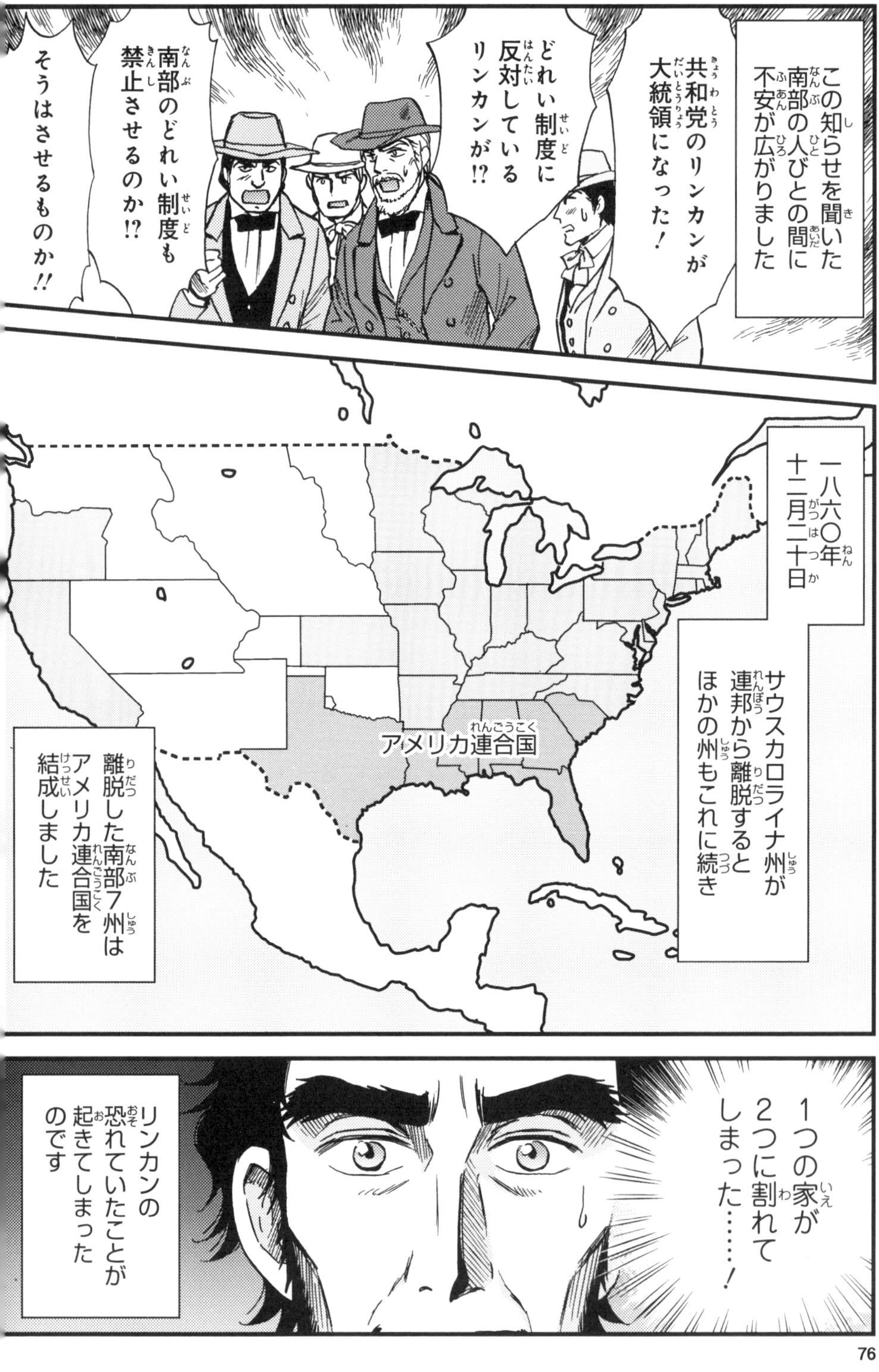
この知《し》らせを聞《き》いた南部《なんぶ》の人《ひと》びとの間《あいだ》に不安《ふあん》が広《ひろ》がりました
共和党《きょうわとう》のリンカンが大統領《だいとうりょう》になった！
どれい制度《せいど》に反対《はんたい》しているリンカンが!?
南部《なんぶ》のどれい制度《せいど》も禁止《きんし》させるのか!?
そうはさせるものか!!
一八六〇年《ねん》十二月《がつ》二十日《はつか》
サウスカロライナ州《しゅう》が連邦《れんぽう》から離脱《りだつ》するとほかの州《しゅう》もこれに続《つづ》き
アメリカ連合国《れんごうこく》
離脱《りだつ》した南部《なんぶ》7州《しゅう》はアメリカ連合国《れんごうこく》を結成《けっせい》しました
1つの家《いえ》が2つに割《わ》れてしまった……！
リンカンの恐《おそ》れていたことが起《お》きてしまったのです

※アメリカ合衆国《がっしゅうこく》大統領《だいとうりょう》が住《す》み、仕事《しごと》をする建物《たてもの》

サウスカロライナ州《しゅう》
チャールストン港《こう》
サムター要塞《ようさい》 連邦軍《れんぽうぐん》(北軍《ほくぐん》)
われわれは リンカン大統領《だいとうりょう》に 忠誠《ちゅうせい》を誓《ちか》う!
このサムター要塞《ようさい》は 連合軍《れんごうぐん》から必《かなら》ず 守《まも》りきってみせる!
アメリカ合衆国陸軍少《がっしゅうこくりくぐんしょう》佐《さ》
ロバート・アンダーソン
ムールトリー要塞《ようさい》
連合軍《れんごうぐん》(南軍《なんぐん》)
連邦軍《れんぽうぐん》(北軍《ほくぐん》)の 補給船《ほきゅうせん》を サムター要塞《ようさい》に 近《ちか》づけるな! 砲撃開始《ほうげきかいし》!!
一八六一年《ねん》四月《がつ》十二日《にち》
南部《なんぶ》の連合軍《れんごうぐん》は 連邦軍《れんぽうぐん》が守《まも》っていた サムター要塞《ようさい》を 攻撃《こうげき》しました
こうして 南北戦争《なんぼくせんそう》が 始《はじ》まったのです

北部《ほくぶ》は南部《なんぶ》より人口《じんこう》が多《おお》い！
鉄工所《てっこうじょ》も武器工場《ぶきこうじょう》もある！
南部《なんぶ》には綿花《めんか》しかないぞ！
連邦軍《れんぽうぐん》の勝利《しょうり》まちがいなしだ！
リンカンはロバート・E《イー》・リー大佐《たいさ》を連邦軍司令官《れんぽうぐんしれいかん》に任命《にんめい》しようとしました
ロバート・E《イー》・リー
しかし リーは連邦軍《れんぽうぐん》を辞職《じしょく》し連合軍《れんごうぐん》の将軍《しょうぐん》になりました
私《わたし》は南部《なんぶ》の連邦離脱《れんぽうりだつ》には反対《はんたい》だが南部《なんぶ》バージニア州《しゅう》の人間《にんげん》だ
郷土《きょうど》を……家族《かぞく》を捨《す》てるわけにはいかないのだ
リーは優秀《ゆうしゅう》な軍人《ぐんじん》で人望《じんぼう》もあり戦《たたか》いを有利《ゆうり》に進《すす》めたのです

連邦軍《れんぽうぐん》は死傷者《ししょうしゃ》多数《たすう》撤退《てったい》しているもよう!
連合軍《れんごうぐん》とくらべて連邦軍《れんぽうぐん》の将軍《しょうぐん》は情《なさ》けない人間《にんげん》ぞろいだ……
連邦軍有利《れんぽうぐんゆうり》と考《かんが》えていたリンカンでしたが連合軍《れんごうぐん》の勝利《しょうり》が続《つづ》きました
連合軍《れんごうぐん》が戦争《せんそう》に負《ま》ければどれい制度《せいど》を中心《ちゅうしん》とした南部《なんぶ》の社会《しゃかい》は崩《くず》れることになります
われわれ南部《なんぶ》の財産《ざいさん》と誇《ほこ》りを守《まも》れ!!
そのため連合軍《れんごうぐん》は死《し》にものぐるいで戦《たたか》っていたのです

※南北戦争《なんぼくせんそう》が始《はじ》まってから4州《しゅう》が連合国《れんごうこく》に加《くわ》わった

どれい制度《せいど》は廃止《はいし》しなければならない……
いつ どんなやり方《かた》で廃止《はいし》すべきなのか……
大統領《だいとうりょう》としてこの国《くに》を救《すく》う最善《さいぜん》の選択《せんたく》をしなくてはならない
一八六二年《ねん》二月《がつ》
ウィリー！※目《め》を開《あ》けて！
※ウィリアムの愛称《あいしょう》
三男《なん》ウィリアムが熱病《ねつびょう》にかかって亡《な》くなりました
ウィリー!!
メアリー……
ロバートが大学《だいがく》を卒業《そつぎょう》して帰《かえ》ってきても――
戦争《せんそう》に行《い》かせないで!!
ロバートを死《し》なせないで!!
メアリー……

一八六二年《ねん》九月《がつ》
ワシントンD《ディー》.C《シー》.に接《せっ》する
メリーランド州《しゅう》に
連合軍《れんごうぐん》が侵攻《しんこう》
連邦軍《れんぽうぐん》1万《まん》2千人《せんにん》
連合軍《れんごうぐん》1万人《まんにん》の
死傷者《ししょうしゃ》が出《で》る激《はげ》しい
戦《たたか》いになりました
連合軍《れんごうぐん》は退却《たいきゃく》!
連邦軍《れんぽうぐん》マクレラン将軍《しょうぐん》は追撃《ついげき》せず!
マクレランの用心深《ようじんぶか》すぎるのにはうんざりだ!
連合軍《れんごうぐん》を逃《のが》すとは!
だが勝利《しょうり》だ
今《いま》こそどれい制度廃止《せいどはいし》を宣言《せんげん》する時《とき》だ!
一八六二年《ねん》九月《がつ》二十二日《にち》
「合衆国《がっしゅうこく》に反逆《はんぎゃく》する状態《じょうたい》にある州《しゅう》においてどれいとされているすべての者《もの》は一八六三年《ねん》一月一日《がっついたち》をもって永遠《えいえん》に自由《じゆう》の身《み》となる」
リンカンは『どれい解放宣言《かいほうせんげん》』の予告《よこく》を発表《はっぴょう》したのです

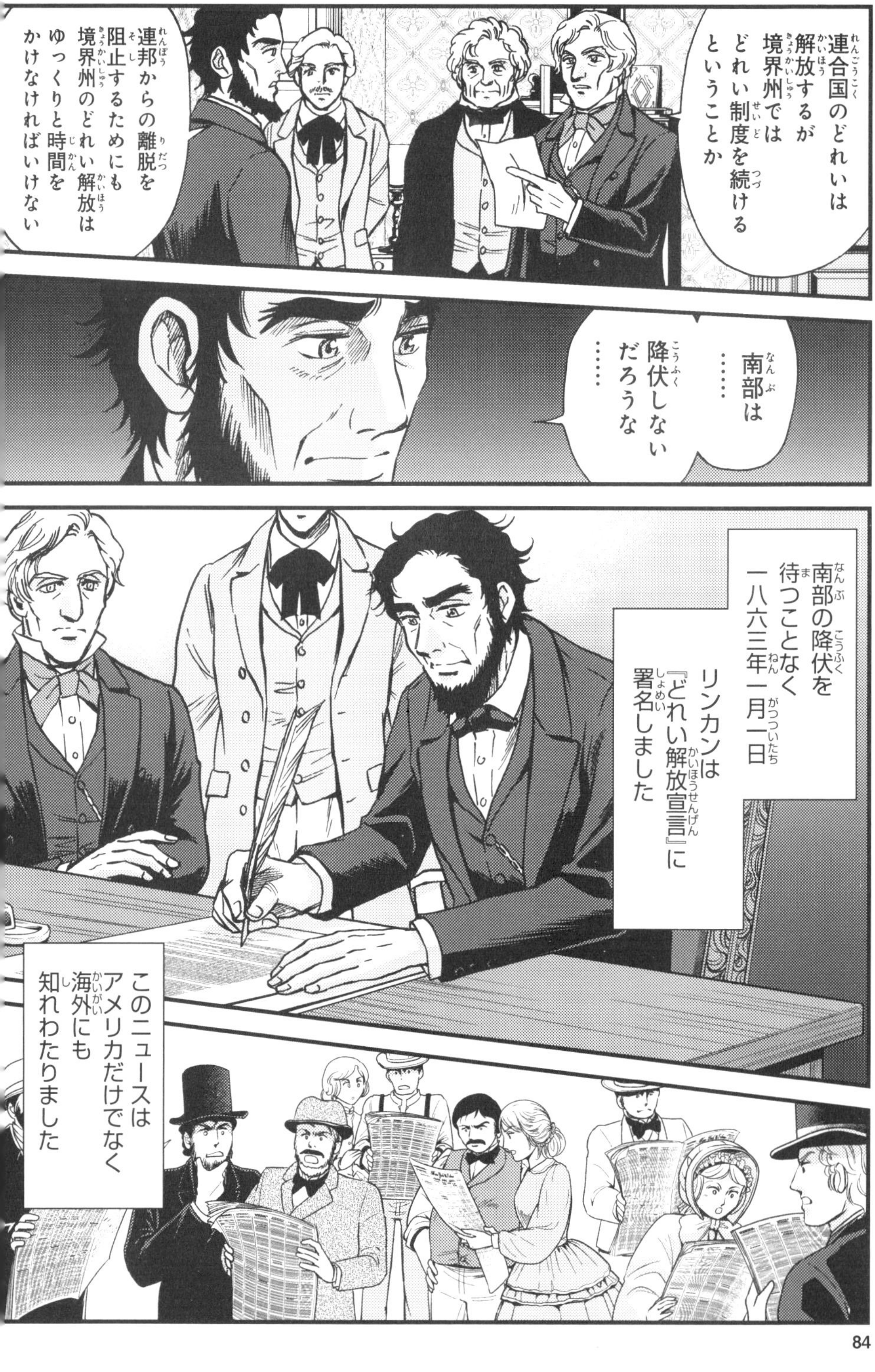
連合国《れんごうこく》のどれいは解放《かいほう》するが境界州《きょうかいしゅう》ではどれい制度《せいど》を続《つづ》けるということか
連邦《れんぽう》からの離脱《りだつ》を阻止《そし》するためにも境界州《きょうかいしゅう》のどれい解放《かいほう》はゆっくりと時間《じかん》をかけなければいけない
南部《なんぶ》は……降伏《こうふく》しないだろうな……
南部《なんぶ》の降伏《こうふく》を待《ま》つことなく一八六三年《ねん》一月一日《がつついたち》リンカンは『どれい解放宣言《かいほうせんげん》』に署名《しょめい》しました
このニュースはアメリカだけでなく海外《かいがい》にも知《し》れわたりました

※1 イギリスが輸入《ゆにゅう》していた綿花《めんか》は、南部《なんぶ》の農場《のうじょう》が多《おお》くのどれいを働《はたら》かせて栽培《さいばい》していたため

※2 野外《やがい》の宿泊場所《しゅくはくばしょ》

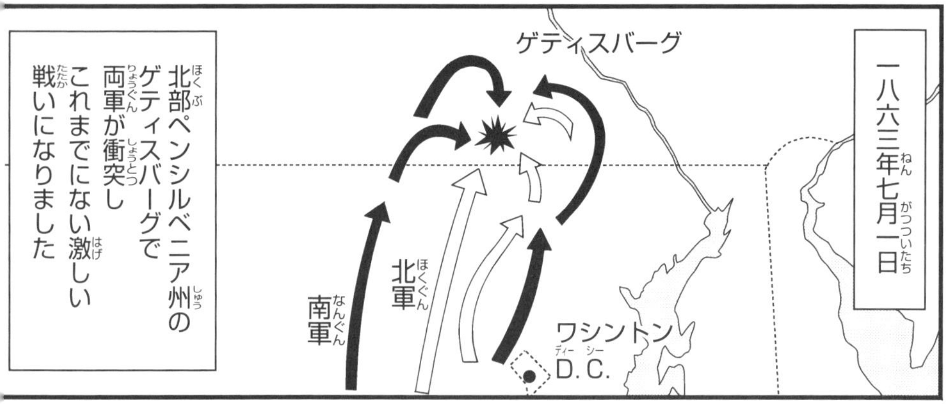
一八六三年《ねん》七月一日《がつついたち》
ゲティスバーグ
北軍《ほくぐん》
南軍《なんぐん》
ワシントンD.C.《ディーシー》
北部《ほくぶ》ペンシルベニア州《しゅう》の
ゲティスバーグで
両軍《りょうぐん》が衝突《しょうとつ》し
これまでにない激《はげ》しい
戦《たたか》いになりました

連邦軍《れんぽうぐん》は　連合軍《れんごうぐん》を
バージニア州《しゅう》に
撤退《てったい》させることに
成功《せいこう》しました
3日間《みっかかん》の戦《たたか》いでの
死傷者《ししょうしゃ》は両軍《りょうぐん》あわせて
約《やく》5万人《まんにん》にもなりました

多《おお》くの死者《ししゃ》を出《だ》した
ゲティスバーグに
軍人墓地《ぐんじんぼち》がつくられる
ことになりました
一八六三年《ねん》十一月《がつ》十九日《にち》
開所式《かいしょしき》には約《やく》1万《まん》5千人《せんにん》が
集《あつ》まりました
この式《しき》の主役《しゅやく》は
※ハーバード大学《だいがく》の
元学長《もとがくちょう》で
2時間《じかん》もの
長《なが》い演説《えんぜつ》を
おこないました
エドワード・エバレット
——では続《つづ》いて
リンカン大統領《だいとうりょう》に
スピーチを
お願《ねが》いします
風《かぜ》の強《つよ》い日《ひ》
でした
リンカンの声《こえ》は
祈《いの》るように
小《ちい》さかったといいます

※マサチューセッツ州《しゅう》にある、アメリカ合衆国《がっしゅうこく》でもっとも古《ふる》い大学《だいがく》。

87年前《ねんまえ》 われわれの祖先《そせん》は すべての人《ひと》が平等《びょうどう》である という信条《しんじょう》にもとづいた 新《あたら》しい国《くに》を この大陸《たいりく》に 打《う》ち建《た》てました
現在《げんざい》われわれは 国内戦争《こくないせんそう》のさなかにあり この自由《じゆう》な国《くに》が 永続《えいぞく》できるかどうかの 試練《しれん》を受《う》けています
われわれは この国家《こっか》が 永《なが》らえるようにと ここでその生命《せいめい》を 投《な》げ出《だ》した人《ひと》びとの 最後《さいご》の安息《あんそく》の場所《ばしょ》として この戦場《せんじょう》の一部《いちぶ》をささげる ためにつどいました

しかし われわれは この土地《とち》を聖《きよ》めささげることは できません ここで戦《たたか》った勇敢《ゆうかん》な人《ひと》びとこそ この場所《ばしょ》を聖《きよ》めささげたのです
ここで戦《たたか》った人《ひと》びとが りっぱに進《すす》めてきた 未完《みかん》の事業《じぎょう》に 身《み》をささげるべきは われわれ自身《じしん》です
それは戦死者《せんししゃ》の死《し》を 決《けっ》してむだにしないため この国《くに》で 神《かみ》のもとで 自由《じゆう》がふたたび 誕生《たんじょう》するため
――そして 人民《じんみん》の人民《じんみん》による 人民《じんみん》のための政治《せいじ》を 地上《ちじょう》からなくさぬように するためです
リンカンのこの演説《えんぜつ》は わずか2分《ふん》の 短《みじか》いものでした
のちに全文《ぜんぶん》が新聞《しんぶん》に掲載《けいさい》され 『ゲティスバーグ演説《えんぜつ》』として 有名《ゆうめい》になりました

第《だい》5章《しょう》　南北戦争《なんぼくせんそう》の終《お》わり

一八六四年《ねん》三月《がつ》
ユリシーズ・グラントが
連邦軍《れんぽうぐん》総司令官《そうしれいかん》に
就任《しゅうにん》しました
ユリシーズ・グラント将軍《しょうぐん》
あきらめることのない
グラント将軍《しょうぐん》は
南軍《なんぐん》を退却《たいきゃく》させて
いきました
シャーマン将軍《しょうぐん》に
命《めい》じる！
南部《なんぶ》の軍事《ぐんじ》と産業《さんぎょう》の
中心地《ちゅうしんち》アトランタを
攻略《こうりゃく》せよ！
はっ！
一八六四年《ねん》九月《がつ》
シャーマン将軍《しょうぐん》は
ジョージア州《しゅう》に進軍《しんぐん》し
アトランタを占領《せんりょう》
しました
ワシントンD.C.《ディー シー》
リッチモンド
アトランタ
アトランタが
落《お》ちれば
南部《なんぶ》の勝《か》ち目《め》は
もうない……！
一八六四年《ねん》十一月《がつ》八日《ようか》
大統領選挙《だいとうりょうせんきょ》がおこなわれ
リンカンは大統領《だいとうりょう》に
再選《さいせん》されました
シャーマン将軍《しょうぐん》は
南部《なんぶ》を破壊《はかい》しながら
進軍《しんぐん》を続《つづ》け
連合国《れんごうこく》の士気《しき》を
くじいていきました

※支配《しはい》されて言《い》いなりになること

一八六五年《ねん》三月《がつ》四日《よっか》リンカンの第《だい》2期《き》大統領就任演説《だいとうりょうしゅうにんえんぜつ》がおこなわれました
……われわれは誰《だれ》に対《たい》しても悪意《あくい》をいだかず
すべての人《ひと》に慈愛《じあい》を持《も》ってわれらの着手《ちゃくしゅ》した事業《じぎょう》を完成《かんせい》するために努力《どりょく》しようではありませんか
わが国民《こくみん》……そしてすべての諸国民《しょこくみん》に正《ただ》しい永遠《えいえん》の平和《へいわ》をもたらし
あらゆる努力《どりょく》をしようではありませんか

南部《なんぶ》に食料《しょくりょう》と衣料《いりょう》
それから薬《くすり》を送《おく》る
準備《じゅんび》をしておきなさい
はい
大統領《だいとうりょう》
大統領《だいとうりょう》!
リッチモンドが
落《お》ちました!
連合軍《れんごうぐん》は
退却《たいきゃく》して
いきます!
もう少《すこ》しだ
もう少《すこ》しで
アメリカ全土《ぜんど》が
自由《じゆう》の国《くに》として
まとまることが
できる

一八六五年《ねん》四月三日《がつみっか》
連合国《れんごうこく》の首都《しゅと》
リッチモンドが
陥落《かんらく》しました
翌日《よくじつ》 リンカンは
息子《むすこ》のタッドを連《つ》れて
リッチモンドを
訪《おとず》れました
……パパ
見《み》て！
うん？

リンカン大統領《だいとうりょう》……
大統領《だいとうりょう》だ
私《わたし》たちは ほんとうに自由《じゆう》になったのですね……
ありがとう！リンカン大統領《だいとうりょう》！
神《かみ》のご加護《かご》を！
大統領《だいとうりょう》！
リッチモンドでリンカンは解放《かいほう》どれいの歓迎《かんげい》を受《う》けました
合衆国《がっしゅうこく》のためにこの人《ひと》たちのためにも
2つに分《わ》かれてしまった国《くに》を1つにして再建《さいけん》しなくては

一八六五年《ねん》四月九日《がつここのか》
バージニア州《しゅう》
アポマトックス
リー将軍《しょうぐん》！
補給物資《ほきゅうぶっし》が破壊《はかい》されました
南部《なんぶ》は連邦軍《れんぽうぐん》のシャーマンに焼《や》きつくされ援助物資《えんじょぶっし》はありません
それでは……
私《わたし》にできることはグラント将軍《しょうぐん》に会《あ》いにいくこと以外《いがい》にない……
連合軍《れんごうぐん》司令官《しれいかん》リー将軍《しょうぐん》は連邦軍《れんぽうぐん》のグラント将軍《しょうぐん》と会見《かいけん》し
降伏文書《こうふくぶんしょ》に署名《しょめい》しました
将校《しょうこう》の馬《うま》は連《つ》れて帰《かえ》るといい
これから畑《はたけ》をたがやすのに必要《ひつよう》だろう
グラント将軍《しょうぐん》
感謝《かんしゃ》する……

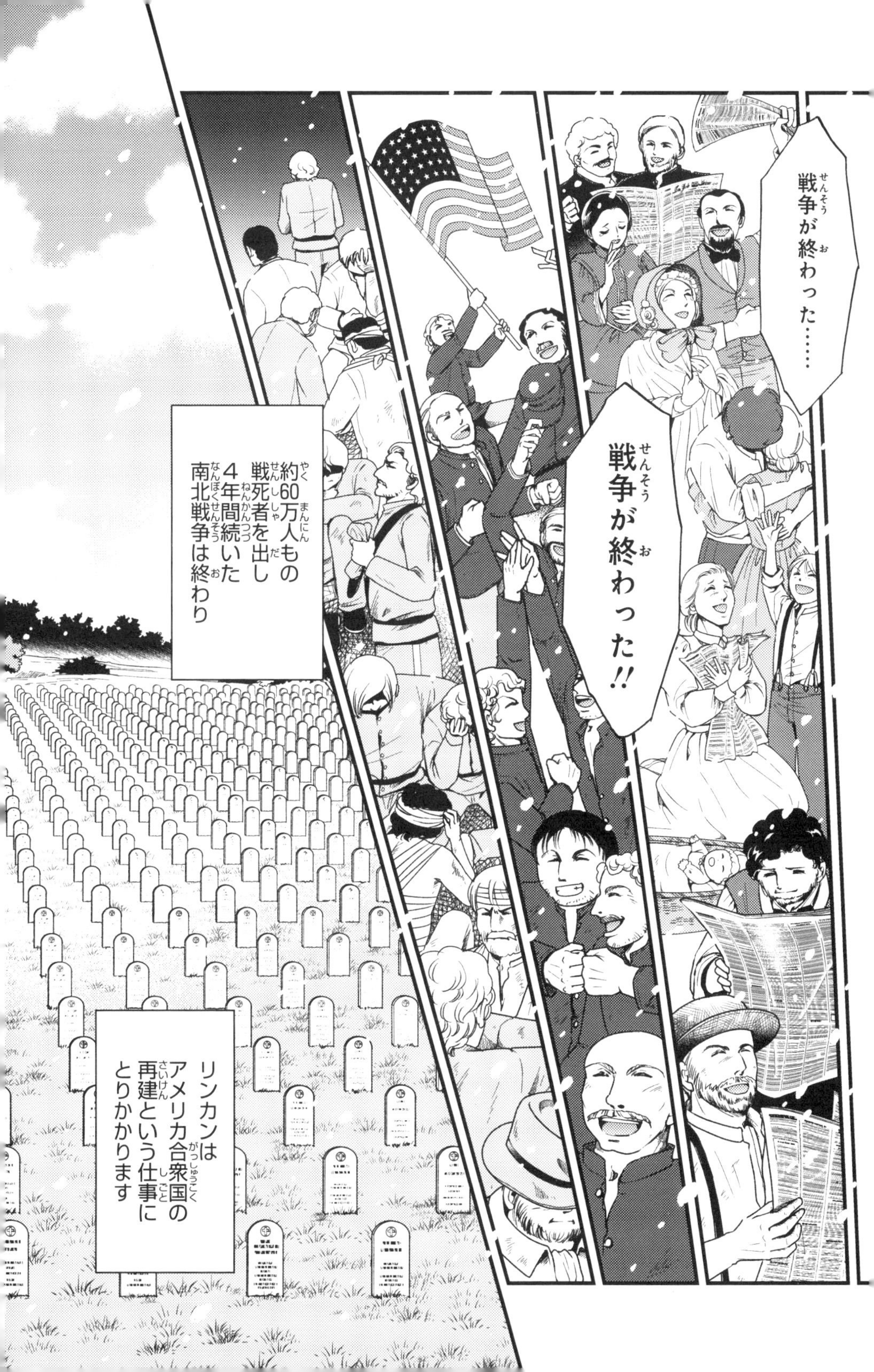

戦争《せんそう》が終《お》わった……
戦争《せんそう》が終《お》わった!!
約《やく》60万人《まんにん》もの戦死者《せんししゃ》を出《だ》し4年間《ねんかん》続《つづ》いた南北戦争《なんぼくせんそう》は終《お》わり
リンカンはアメリカ合衆国《がっしゅうこく》の再建《さいけん》という仕事《しごと》にとりかかります

しかし 南部《なんぶ》支持者《しじしゃ》には まだ どれい解放《かいほう》に 反対《はんたい》する者《もの》が いたのです
リー将軍《しょうぐん》が 降伏《こうふく》したあと 演説《えんぜつ》でリンカンが なんと言《い》ったと 思《おも》う？
黒人《こくじん》の参政権《さんせいけん》※1を 認《みと》めたいなどと 言《い》ったんだ！
リンカンと 国務長官《こくむちょうかん》※2スワード
そして 副大統領《ふくだいとうりょう》ジョンソンを 暗殺《あんさつ》する
北部《ほくぶ》の連邦政府《れんぽうせいふ》を 崩《くず》すのだ
俳優《はいゆう》 ジョン・ウィルクス・ブース
南部《なんぶ》のために……！
ブースと7人《にん》の 仲間《なかま》たちは 連邦政府《れんぽうせいふ》の打倒《だとう》を 計画《けいかく》していました

※1 政治《せいじ》に直接的《ちょくせつてき》または間接的《かんせつてき》に参加《さんか》できる権利《けんり》

※2 アメリカ合衆国《がっしゅうこく》の外交関係《がいこうかんけい》をあつかう国務省《こくむしょう》の長官《ちょうかん》

一八六五年《ねん》
四月《がつ》十四日《じゅうよっか》
ワシントンD.C.《ディーシー》
フォード劇場《げきじょう》
今夜《こんや》は仕事《しごと》のことは忘《わす》れて楽《たの》しもう
そうね ようやく戦争《せんそう》が終《お》わって安心《あんしん》したわ
この人《ひと》の顔《かお》は老人《ろうじん》のようにやつれてしまったわ…
大統領《だいとうりょう》としてすべてをささげてきたから……
キィ…

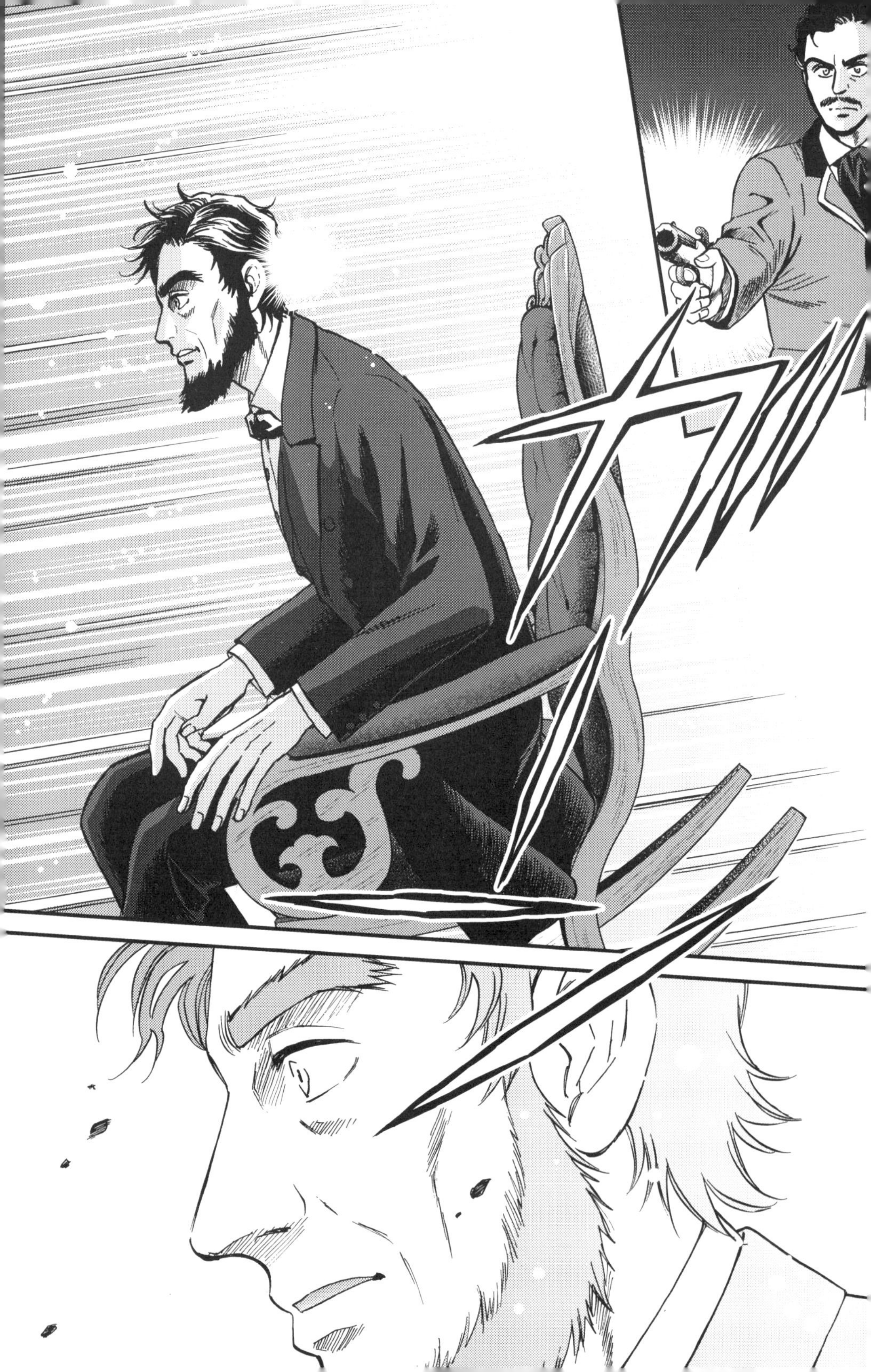

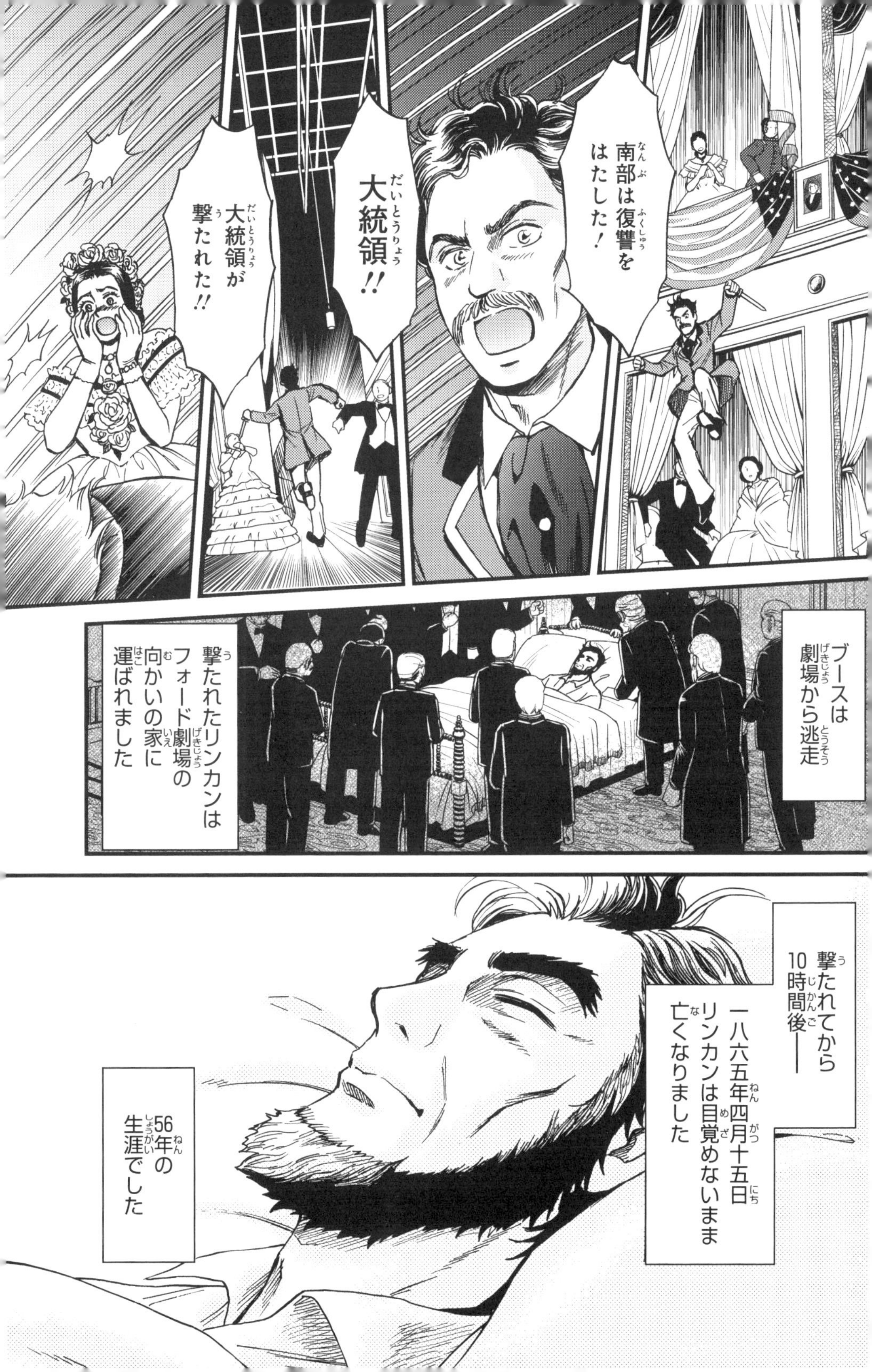
南部《なんぶ》は復讐《ふくしゅう》をはたした！
大統領《だいとうりょう》!!
大統領《だいとうりょう》が撃《う》たれた!!
ブースは劇場《げきじょう》から逃走《とうそう》
撃《う》たれたリンカンはフォード劇場《げきじょう》の向《む》かいの家《いえ》に運《はこ》ばれました
撃《う》たれてから10時間後《じかんご》――
一八六五年《ねん》四月《がつ》十五日《にち》リンカンは目覚《めざ》めないまま亡《な》くなりました
56年《ねん》の生涯《しょうがい》でした

ブースは10日間《とおかかん》ほど逃《に》げ回《まわ》ったのち追《お》いつめられ射殺《しゃさつ》されました
ほかの仲間《なかま》も捕《と》らえられ全員《ぜんいん》が有罪《ゆうざい》になりました
リンカン以外《いがい》の暗殺《あんさつ》は失敗《しっぱい》に終《お》わり 副大統領《ふくだいとうりょう》のアンドリュー・ジョンソンが第《だい》17代大統領《だいだいとうりょう》に就任《しゅうにん》しました
第《だい》17代大統領《だいだいとうりょう》
アンドリュー・ジョンソン
四月《がつ》十九日《にち》
リンカンの葬儀《そうぎ》がおこなわれると数万人《すうまんにん》の人《ひと》びとが集《あつ》まり大統領《だいとうりょう》の死《し》をおしみました
リンカンの遺体《いたい》は列車《れっしゃ》で運《はこ》ばれスプリングフィールドに帰《かえ》ってきました
のちには家族《かぞく》とともに眠《ねむ》る墓《はか》が建設《けんせつ》されました
ABRAHAM LINCOLN
1809-1865

リンカンは南部《なんぶ》の連邦復帰《れんぽうふっき》と解放《かいほう》された黒人《こくじん》の社会《しゃかい》への組《く》み込《こ》みを バランスよく考《かんが》え進《すす》めていくつもりでした
しかしリンカンが暗殺《あんさつ》されると南部《なんぶ》に対《たい》してきびしく接《せっ》するべきと考《かんが》える勢力《せいりょく》に 連邦議会《れんぽうぎかい》は実権《じっけん》をにぎられました
黒人《こくじん》には市民権《しみんけん》や参政権《さんせいけん》があたえられ社会的地位《しゃかいてきちい》は向上《こうじょう》しました
一方《いっぽう》 南部《なんぶ》ではそれを不満《ふまん》に思《おも》う人《ひと》たちもいました
その結果《けっか》 黒人《こくじん》は南部《なんぶ》の白人《はくじん》の反感《はんかん》を買《か》い実際《じっさい》の差別《さべつ》はなくなりませんでした
真《しん》の自由《じゆう》と平等《びょうどう》を実現《じつげん》するという事業《じぎょう》は今《いま》も続《つづ》いているのです

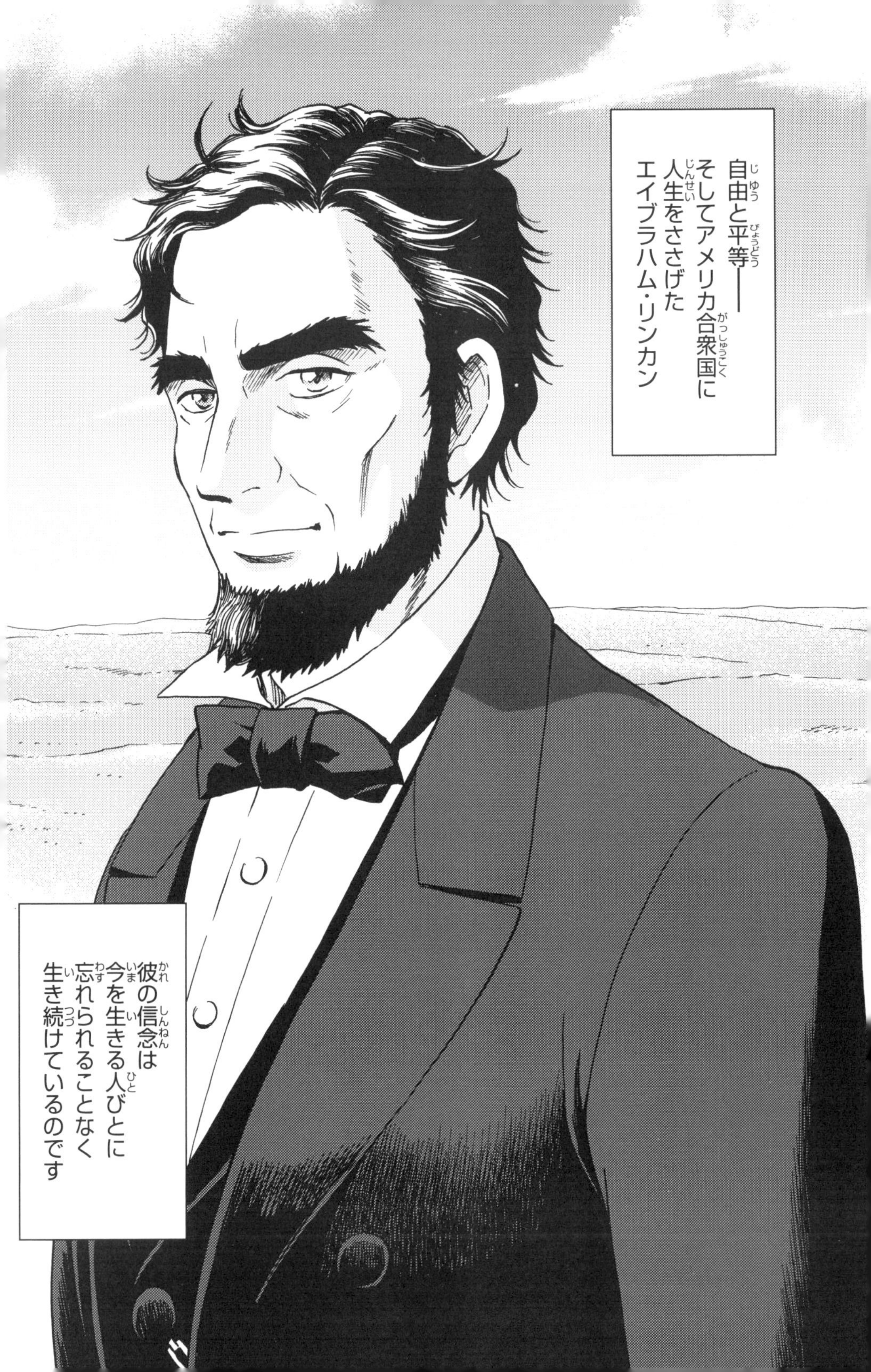
自由《じゆう》と平等《びょうどう》——
そしてアメリカ合衆国《がっしゅうこく》に
人生《じんせい》をささげた
エイブラハム・リンカン
彼《かれ》の信念《しんねん》は
今《いま》を生《い》きる人《ひと》びとに
忘《わす》れられることなく
生《い》き続《つづ》けているのです

Abraham Lincoln

ためになる学習《がくしゅう》資《し》料室《りょうしつ》

- もっとよくわかるリンカン
- リンカンの生《い》きた時代《じだい》
- 参考文献《さんこうぶんけん》

もっとよくわかる リンカン

基礎知識《きそちしき》解説《かいせつ》

リンカンが暮《く》らした国《くに》、アメリカ

アメリカ合衆国《がっしゅうこく》は、現在《げんざい》50の州《しゅう》と首都《しゅと》（特別区《とくべつく》）からなる連《れん》邦共和国《ぼうきょうわこく》です。その歴史《れきし》をくわしく見《み》てみましょう。

アメリカの成《な》り立《た》ち

15世紀《せいき》の終《お》わりにコロンブスが到達《とうたつ》したアメリカ大陸《たいりく》には、その後《ご》イギリスやフランスなどヨーロッパから多《おお》くの人《ひと》びとが移住《いじゅう》し、植民地《しょくみんち》が築《きず》かれました。なかでもイギリスによって築《きず》かれた13の植民地《しょくみんち》が、１７７５年《ねん》、本国《ほんごく》から独《どく》立《りつ》するための戦《たたか》いを起《お》こします。翌年《よくねん》には独立《どくりつ》を宣言《せんげん》し、１７８３年《ねん》のパリ条《じょう》約《やく》でついにイギリスからの独立《どくりつ》を認《みと》めさせました。アメリカの国旗《こっき》（星条旗《せいじょうき》）の13本《ぼん》の赤《あか》と白《しろ》の線《せん》は、この13の植民地《しょくみんち》をあらわしています。

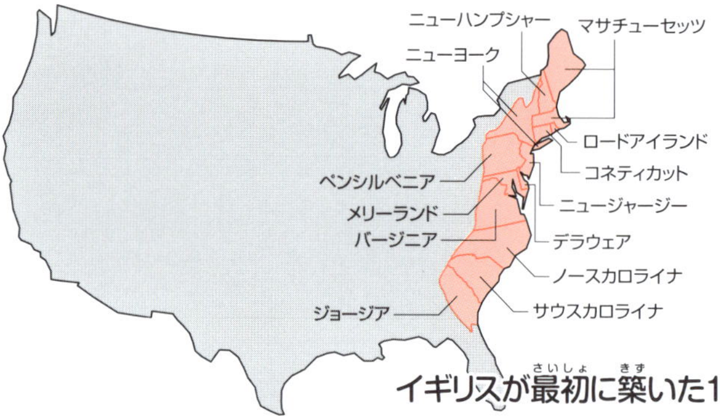

ニューハンプシャー
マサチューセッツ
ニューヨーク
ロードアイランド
コネティカット
ペンシルベニア
ニュージャージー
メリーランド
バージニア
デラウェア
ノースカロライナ
ジョージア
サウスカロライナ

イギリスが最初《さいしょ》に築《きず》いた13植民地《しょくみんち》

アメリカの独立《どくりつ》

イギリスからの独立戦争《どくりつせんそう》まっただなかの1776年《ねん》7月4日《がつよっか》、『アメリカ独《どく》立宣言《りっせんげん》』が発表《はっぴょう》されました。このなかでは、イギリスから独立《どくりつ》する理由《りゆう》のほか、「すべての人間《にんげん》は平等《びょうどう》である」「人《ひと》はみな、生命《せいめい》、自由《じゆう》、幸福《こうふく》を追求《ついきゅう》する権利《けんり》を持《も》つ」という基本的人権《きほんてきじんけん》がうたわれています。

それに加《くわ》え、国《くに》の主体《しゅたい》が国民《こくみん》にあること（国民主権《こくみんしゅけん》）、国《くに》や政府《せいふ》が国民生活《こくみんせいかつ》をおびやかしたとき、市民《しみん》はそれに抵抗《ていこう》することができること（革命権《かくめいけん》）なども宣《せん》言《げん》されました。これらは現在《げんざい》にいたるまで、アメリカ合衆国《がっしゅうこく》の中心《ちゅうしん》をなす考《かんが》え方《かた》です。

王《おう》や貴族《きぞく》の支配《しはい》をはなれて、市民《しみん》の手《て》

独立宣言《どくりつせんげん》に署名《しょめい》する、独立宣言起草委員会《どくりつせんげんきそういいんかい》のメンバー

ジョージ・ワシントン（1732年《ねん》～1799年《ねん》）

イギリスの植民地《しょくみんち》だったバージニア州《しゅう》に生《う》まれたワシントンは、大陸軍《たいりくぐん》の総司令官《そうしれいかん》としてアメリカ独立戦争《どくりつせんそう》を戦《たたか》いました。戦争《せんそう》が終《お》わった1783年《ねん》、彼《かれ》は軍《ぐん》をやめてバージニアの農園《のうえん》に戻《もど》りました。しかしアメリカ合衆国《がっしゅうこく》を独立《どくりつ》に導《みちび》いたワシントンの人気《にんき》は高《たか》く、1789年《ねん》初代《しょだい》のアメリカ合衆国大統領《がっしゅうこくだいとうりょう》に選《えら》ばれました。合衆国憲法《がっしゅうこくけんぽう》は、ワシントンが大統領《だいとうりょう》になることを想像《そうぞう》しながら書《か》かれたといわれています。

で治《おさ》める国《くに》を勝《か》ちとったアメリカ独立戦争《どくりつせんそう》は、フランスをはじめとするヨーロッパ各国《かっこく》で市民革命《しみんかくめい》が起《お》こるきっかけとなりました。

西部開拓《せいぶかいたく》

北《きた》アメリカ大陸《たいりく》の東側《ひがしがわ》、大西洋岸《たいせいようがん》に建国《けんこく》されたアメリカ合衆国《がっしゅうこく》では、人口《じんこう》がふえていくにつれ、人《ひと》びとは新《あたら》しい町《まち》をつくるために西《にし》へ向《む》かいました。

彼《かれ》ら開拓者《かいたくしゃ》たちは、まだ誰《だれ》も開拓《かいたく》したことのない土地《とち》（フロンティア）に苦《く》労《ろう》して家《いえ》を建《た》て、農場《のうじょう》や鉱山《こうざん》などを切《き》り開《ひら》きました。やがてそこは町《まち》となり、さらに西《にし》へ向《む》かう人《ひと》びとの拠点《きょてん》となったのです。

しかし、開拓者《かいたくしゃ》たちが切《き》り開《ひら》いた土地《とち》は、無人《むじん》の荒野《こうや》ではありませんでした。そこには彼《かれ》らが「インディアン」とよんでいた、先住民《せんじゅうみん》が暮《く》らしていたのです。先住民《せんじゅうみん》と開拓者《かいたくしゃ》との間《あいだ》では、土地《とち》をめぐってしばしば流血《りゅうけつ》をともなう争《あらそ》いが起《お》こり、先住民《せんじゅうみん》の多《おお》くの部族《ぶぞく》が自分《じぶん》たちの土地《とち》から追《お》い出《だ》されました。

また、強盗《ごうとう》や殺人《さつじん》などの事件《じけん》を起《お》こす開拓者《かいたくしゃ》もおり、そういったならず者《もの》たちは、警察《けいさつ》や軍《ぐん》の追跡《ついせき》を逃《のが》れて、荒野《こうや》にひそんでいました。この時代《じだい》のことは、西部劇《せいぶげき》として多《おお》くの映画《えいが》などで描《えが》かれています。

リンカンが生《う》まれた家《いえ》のレプリカ
（ケンタッキー州《しゅう》ホジェンビル）

写真提供：奥田暁代

きびしい自然《しぜん》のなか、危険《きけん》ととなりあわせでも、人《ひと》びとは西部開拓《せいぶかいたく》を進《すす》めました。自分《じぶん》の力《ちから》で切《き》り開《ひら》いた土地《とち》で、豊《ゆた》かな暮《く》らしをつかもうとする「開拓者《かいたくしゃ》魂《だましい》（フロンティア・スピリット）」が、彼《かれ》らをささえていたのです。

馬車《ばしゃ》で暮《く》らす開拓者《かいたくしゃ》の家族《かぞく》（1866年《ねん》）

リンカンも、農業《のうぎょう》をいとなむ開拓者《かいたくしゃ》の家《いえ》に生《う》まれました。彼《かれ》が生《う》まれたケンタッキー州《しゅう》には祖父《そふ》の代《だい》に移住《いじゅう》したのですが、祖父《そふ》は畑《はたけ》を開拓《かいたく》しているときに、先住民《せんじゅうみん》に襲《おそ》われて殺《ころ》されてしまいました。

リンカンの父《ちち》は腕《うで》のいい大工《だいく》で、なんでも自分《じぶん》たちでつくらなければならない開拓者《かいたくしゃ》たちの間《あいだ》でたよりにされる人物《じんぶつ》でした。リンカンも幼《おさな》いころから父《ちち》の仕事《しごと》を手伝《てつだ》って働《はたら》いていたのです。

マニフェスト・デスティニー（明白《めいはく》なる運命《うんめい》）

先住民《せんじゅうみん》を追《お》い出《だ》して領土《りょうど》を拡大《かくだい》することについて、19世紀《せいき》なかばのアメリカでは「西進《せいしん》は神《かみ》にあたえられた使《し》命《めい》だ」と考《かんが》え正当化《せいとうか》していました。これは「マニフェスト・デスティニー」という言葉《ことば》であらわされました。1872年《ねん》に描《えが》かれた左の『アメリカン・プログレス』という絵《え》では、女神《めがみ》に導《みちび》かれた開拓者《かいたくしゃ》たちが、暗《くら》い未開《みかい》の西部《せいぶ》に向《む》かっています。女神《めがみ》が持《も》つ書物《しょもつ》と電線《でんせん》は、ともに文明《ぶんめい》をあらわしています。

どれい制度《せいど》

どれいとは、自由《じゆう》をうばわれ、労働力《ろうどうりょく》として道具《どうぐ》のようにあつかわれた人《ひと》のことです。16世紀《せいき》から19世紀《せいき》にかけて、ヨーロッパ各国《かっこく》が船《ふね》で世界中《せかいじゅう》を航海《こうかい》するようになると、アフリカ大陸《たいりく》から多《おお》くの人《ひと》びとが連《つ》れさられました。彼《かれ》らはどれいとして、ポルトガル、スペイン、オランダ、イギリス、フランスなどのどれい商人《しょうにん》に売《う》られ、ほとんどが植民地《しょくみんち》へ送《おく》られました。

アメリカ大陸《たいりく》に移住《いじゅう》したヨーロッパの人《ひと》びとも、黒人《こくじん》どれいを農園《のうえん》などで働《はたら》かせました。どれいはのちに、ほとんどがアフリカから輸入《ゆにゅう》されるようになりました。

アメリカ独立宣言《どくりつせんげん》では、国民《こくみん》の自由《じゆう》と平《びょう》等《どう》がうたわれていますが、どれいはアメリカ国民《こくみん》とはみなされず、売買《ばいばい》も認《みと》められて

サウスカロライナ州《しゅう》でせりにかけられるどれいたち

プランテーション

広大《こうだい》な農地《のうち》で、タバコや米《こめ》、サトウキビなど、特定《とくてい》の作《さく》物《もつ》だけを大量《たいりょう》に栽培《さいばい》する大規模《だいきぼ》な農園《のうえん》を、プランテーションとよびます。18世紀《せいき》から19世紀前半《せいきぜんはん》のアメリカ南部《なんぶ》では、ヨーロッパに輸出《ゆしゅつ》する商品《しょうひん》として綿花《めんか》の栽培《さいばい》が盛《さか》んでした。広大《こうだい》な土地《とち》で安《やす》く大量《たいりょう》に農作物《のうさくぶつ》を生産《せいさん》するためには、どれいたちの働《はたら》きは欠《か》かせないものだったのです。

いました。
しかし、建国当時《けんこくとうじ》からどれい制度《せいど》をなくすことは議論《ぎろん》され、１８０８年《ねん》には新《あら》たにどれいを輸入《ゆにゅう》することが禁止《きんし》されました。そして１８１９年《ねん》には、当時《とうじ》のアメリカ合衆国《がっしゅうこく》22州《しゅう》のうち、11州《しゅう》でどれい制度《せいど》が廃止《はいし》されたのです。どれい制度《せいど》を廃止《はいし》したアメリカ北部《ほくぶ》の11州《しゅう》は「自由州《じゆうしゅう》」とよばれ、どれい制度《せいど》を認《みと》める南部《なんぶ》の11州《しゅう》「どれい州《しゅう》」と対立《たいりつ》しました。

プランテーションで働《はたら》く黒人《こくじん》どれい

その後《ご》、新《あたら》しく州《しゅう》ができるたびに、自《じ》由州《ゆうしゅう》にするかどれい州《しゅう》にするかで争《あらそ》いが起《お》きます。どれい制度自体《せいどじたい》を批判《ひはん》する声《こえ》も強《つよ》まりました。工業《こうぎょう》が盛《さか》んだった北部《ほくぶ》とはちがい、南部《なんぶ》は綿花《めんか》の栽培《さいばい》などが産《さん》業《ぎょう》の中心《ちゅうしん》でした。安《やす》い働《はたら》き手《て》が大量《たいりょう》に必《ひつ》要《よう》なプランテーションでは、どれいを手《て》放《ばな》すことができませんでした。
こうして、アメリカは南北《なんぼく》で分断《ぶんだん》され、対決《たいけつ》するようになったのです。

『アンクル・トムの小屋《こや》』

1852年《ねん》、ハリエット・ビーチャー・ストウによって書《か》かれた、黒人《こくじん》どれいトムと、主人《しゅじん》の息子《むすこ》ジョージや白人《はくじん》の少女《しょうじょ》イーバらとの交流《こうりゅう》を描《えが》いた小説《しょうせつ》です。どれいに対《たい》する暴力《ぼうりょく》や迫害《はくがい》を描《えが》き、どれい解放《かいほう》にゆれるアメリカに大《おお》きな反響《はんきょう》を起《お》こしました。リンカンは著者《ちょしゃ》のストウに会《あ》った際《さい》、「あなたがこの大《おお》きな戦争《せんそう》を起《お》こした本《ほん》を書《か》いた小《ちい》さなご婦人《ふじん》ですね」と声《こえ》をかけたといわれています。1863年《ねん》のどれい解放宣言《かいほうせんげん》、1865年《ねん》の憲法修正《けんぽうしゅうせい》によってどれい制度《せいど》は廃止《はいし》されますが、その後《ご》も黒人《こくじん》に対《たい》する暴力《ぼうりょく》や差別《さべつ》はなくなりませんでした（本格的《ほんかくてき》に差別《さべつ》をなくそうとする社会的《しゃかいてき》な動《うご》きは、どれい解放宣言《かいほうせんげん》から100年後《ねんご》、1960年代《ねんだい》の公民権運動《こうみんけんうんどう》まで待《ま》たなければなりませんでした）。

南北戦争《なんぼくせんそう》

1854年《ねん》に民主党《みんしゅとう》が中心《ちゅうしん》となって成立《せいりつ》させた『カンザス・ネブラスカ法《ほう》』によって、アメリカ北西部《ほくせいぶ》にどれい州《しゅう》をふやすことができるようになりました。

このできごとに対抗《たいこう》して、どれい制度《せいど》の拡大《かくだい》に反対《はんたい》する共和党《きょうわとう》が結成《けっせい》されました。1860年《ねん》の大統領選挙《だいとうりょうせんきょ》で共和党《きょうわとう》のリンカンが当選《とうせん》すると、それに反発《はんぱつ》した南部《なんぶ》11州《しゅう》はアメリカ合衆国《がっしゅうこく》からぬけて、「アメリカ連合国《れんごうこく》」をつくりました。

1861年《ねん》4月《がつ》12日《にち》、アメリカ連合国《れんごうこく》の軍《ぐん》（南軍《なんぐん》）がサウスカロライナ州《しゅう》にあった合衆国軍《がっしゅうこくぐん》（北軍《ほくぐん》）のサムター要塞《ようさい》を攻撃《こうげき》し、南北戦争《なんぼくせんそう》が始《はじ》まりました。

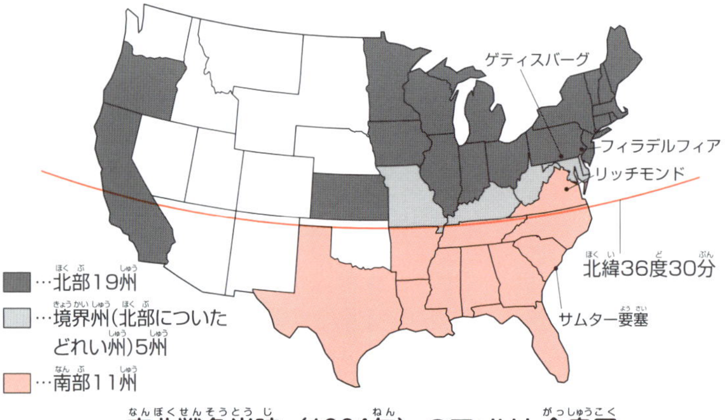

ゲティスバーグ
フィラデルフィア
リッチモンド
北緯《ほくい》36度《ど》30分《ぶん》
サムター要塞《ようさい》
…北部《ほくぶ》19州《しゅう》
…境界州《きょうかいしゅう》(北部《ほくぶ》についたどれい州《しゅう》)5州《しゅう》
…南部《なんぶ》11州《しゅう》

南北戦争当時《なんぼくせんそうとうじ》（1864年《ねん》）のアメリカ合衆国《がっしゅうこく》

どれい州《しゅう》と自由州《じゆうしゅう》

西部《せいぶ》を開拓《かいたく》して新《あたら》しい州《しゅう》ができるたびに、その州《しゅう》ではどれい制度《せいど》を認《みと》めるか（どれい州《しゅう》）認《みと》めないか（自由州《じゆうしゅう》）ではげしい対立《たいりつ》が起《お》きました。1820年《ねん》、北緯《ほくい》36度《ど》30分《ぶん》より北《きた》には新《あら》たなどれい州《しゅう》はつくらないという『ミズーリ協定《きょうてい》』がとり決《き》められました。しかし1854年《ねん》には、自由州《じゆうしゅう》かどれい州《しゅう》かを住民《じゅうみん》が選《えら》ぶことができるという、南部《なんぶ》に有利《ゆうり》な『カンザス・ネブラスカ法《ほう》』が成立《せいりつ》し、ミズーリ協定《きょうてい》は無効《むこう》とされてしまいました。南北《なんぼく》のさかいにあったいくつかの州《しゅう》は、どれい制度《せいど》を認《みと》めて1860年《ねん》の大統領選挙《だいとうりょうせんきょ》でもリンカンを選《えら》ばなかったものの、合衆国《がっしゅうこく》を離脱《りだつ》することもありませんでした。これらは「境界州《きょうかいしゅう》」とよばれています。

はじめは、南軍《なんぐん》をひきいるロバート・E《イー》・リー将軍《しょうぐん》がすぐれた軍人《ぐんじん》であったこと、地元《じもと》での戦《たたか》いであったことから、南軍《なんぐん》が優勢《ゆうせい》でした。

しかし、1863年《ねん》1月《がつ》にリンカンがどれい解放宣言《かいほうせんげん》に署名《しょめい》すると、すでにどれい制度《せいど》を廃止《はいし》していたイギリスやフランスは、アメリカ連合国《れんごうこく》を支持《しじ》できなくなりました。

ゲティスバーグの戦《たたか》いのようすを描《えが》いた絵画《かいが》

北軍《ほくぐん》はやがて勢力《せいりょく》を盛《も》り返《かえ》して、1863年《ねん》7月《がつ》、ペンシルベニア州《しゅう》ゲティスバーグの激戦《げきせん》で勝利《しょうり》をおさめます。その後《ご》は北軍《ほくぐん》が優勢《ゆうせい》となって、1865年《ねん》3月《がつ》にアメリカ連合国《れんごうこく》の首《しゅ》都《と》リッチモンドを攻《せ》め落《お》としました。

こうして1865年《ねん》4月《がつ》、両軍《りょうぐん》あわせて60万人《まんにん》をこえる死者《ししゃ》を出《だ》したといわれる南北戦争《なんぼくせんそう》は終結《しゅうけつ》しました。

リンカンは南北分断《なんぼくぶんだん》の危機《きき》を乗《の》りこえ、アメリカをふたたび統一《とういつ》するための道《みち》を開《ひら》いたのです。

南北戦争中《なんぼくせんそうちゅう》のリンカン（左《ひだり》）と北軍《ほくぐん》のジョージ・マクレラン少将《しょうしょう》（1862年《ねん》）

基礎知識《きそちしき》
解説《かいせつ》

リンカンをとりまく人《ひと》びと

家族《かぞく》やライバルなど、リンカンと関係《かんけい》の深《ふか》い人物《じんぶつ》について解《かい》説《せつ》します。

メアリー・トッド・リンカン

1818年《ねん》生《う》まれ
1882年没《ねんぼつ》

ケンタッキー州《しゅう》の上流階級《じょうりゅうかいきゅう》で育《そだ》った社交的《しゃこうてき》なメアリーは、リンカンとは生《う》まれも性《せい》格《かく》も対照的《たいしょうてき》でした。そんなふたりは恋《こい》に落《お》ち、1842年《ねん》に結婚《けっこん》します。

しかし、結婚後《けっこんご》は長男《ちょうなん》ロバート以外《いがい》の3人《にん》の息子《むすこ》を亡《な》くし、さらには夫《おっと》リンカンを目《め》の前《まえ》で暗殺《あんさつ》されるなど、妻《つま》として、母《はは》としては決《けっ》して幸《しあわ》せとはいえない人生《じんせい》を歩《あゆ》みました。

リンカンに会《あ》った日本人《にほんじん》

播磨国《はりまのくに》（現在《げんざい》の兵庫県西南部《ひょうごけんせいなんぶ》）に生《う》まれた浜田彦蔵《はまだひこぞう》は、14歳《さい》だった嘉永《かえい》3年《ねん》（1850年《ねん》）に江戸《えど》から播磨国《はりまのくに》にもどるとき、乗《の》っていた船《ふね》が難破《なんぱ》してしまいました。漂流《ひょうりゅう》していたところをアメリカの商船《しょうせん》オークランド号《ごう》に助《たす》けられた彦蔵《ひこぞう》は、アメリカにわたってキリスト教《きょう》の洗礼《せんれい》を受《う》け、「ジョセフ・ヒコ」と改名《かいめい》して市民権《しみんけん》を取得《しゅとく》しました。1862年《ねん》にはリンカンとも会見《かいけん》しています。彦蔵《ひこぞう》は9年後《ねんご》に帰国《きこく》し、開国直後《かいこくちょくご》の日本《にほん》との交渉《こうしょう》にあたるアメリカ領事館《りょうじかん》の通訳《つうやく》として活躍《かつやく》しました。のちに日本国内《にほんこくない》で英語《えいご》の新聞《しんぶん》を翻訳《ほんやく》した『海外新聞《かいがいしんぶん》』を発行《はっこう》したことで、彦蔵《ひこぞう》は「新聞《しんぶん》の父《ちち》」ともよばれています。

ロバート・トッド・リンカン

1843年《ねん》生《う》まれ
1926年没《ねんぼつ》

リンカンの長男《ちょうなん》ロバートは、仕事《しごと》で留守《るす》がちだったリンカンとはほとんど交《こう》流《りゅう》できずに育《そだ》ちました。けれども彼《かれ》は父《ちち》を尊敬《そんけい》していました。南北戦争《なんぼくせんそう》では北《ほく》軍《ぐん》の司令官《しれいかん》グラント将軍《しょうぐん》の直属《ちょくぞく》の部下《ぶか》をつとめました。ロバートはリンカンが暗殺《あんさつ》されたあとでイリノイ州《しゅう》にもどり、父《ちち》と同《おな》じ弁護士《べんごし》になっています。のちには第《だい》35代《だい》アメリカ合衆国陸軍長官《がっしゅうこくりくぐんちょうかん》や駐《ちゅう》イギリス公使《こうし》もつとめました。

スティーブン・ダグラス

1813年《ねん》生《う》まれ
1861年没《ねんぼつ》

イリノイ州《しゅう》の政治家《せいじか》で、民主党《みんしゅとう》の候補者《こうほしゃ》としてリンカンと大統領《だいとうりょう》の座《ざ》を争《あらそ》いました。ふたりのどれい制度拡大《せいどかくだい》をめぐる討論《とうろん》は7回《かい》にわたり、「リンカン・ダグラス論争《ろんそう》」として知《し》られています。新《あたら》しく州《しゅう》になる西部開拓地《せいぶかいたくち》にどれい制《せい》度拡大《どかくだい》を認《みと》める『カンザス・ネブラスカ法《ほう》』を考案《こうあん》するなど、民主党《みんしゅとう》のリーダーとして活躍《かつやく》しました。政治的手腕《せいじてきしゅわん》や弁論《べんろん》の技術《ぎじゅつ》が高《たか》かったダグラスは、現《げん》在《ざい》でもすぐれた政治家《せいじか》として評価《ひょうか》されています。

ロバート・トッド・リンカン

スティーブン・ダグラス

アメリカの議会《ぎかい》と選挙《せんきょ》

大統領選挙《だいとうりょうせんきょ》など、アメリカ合衆国《がっしゅうこく》における選挙《せんきょ》のしくみと議《ぎ》会《かい》について解説《かいせつ》します。

州議会《しゅうぎかい》

イリノイ州議事堂《しゅうぎじどう》の玄関《げんかん》に立《た》つリンカンの銅像《どうぞう》

現在《げんざい》は50の州《しゅう》からなるアメリカ合衆国《がっしゅうこく》は、州《しゅう》ごとに独自《どくじ》の憲法《けんぽう》を持《も》ち、政治《せいじ》や裁判《さいばん》、軍《ぐん》、警察《けいさつ》など、それぞれの州《しゅう》が国《くに》と同《おな》じような権限《けんげん》を持《も》っています。

州議会《しゅうぎかい》についても、議員《ぎいん》の数《かず》や任期《にんき》などは州《しゅう》ごとにことなっています。リンカンが下院議員《かいんぎいん》をつとめたイリノイ州議会《しゅうぎかい》には、のちにバラク・オバマ元大統領《もとだいとうりょう》も上院議員《じょういんぎいん》として名《な》を連《つら》ねました。

リンカン記念堂《きねんどう》

アメリカの首都《しゅと》ワシントンD.C.《ディーシー》に建《た》つリンカン記念堂《きねんどう》は、1922年《ねん》に完成《かんせい》しました。ギリシャ神殿風《しんでんふう》の建物《たてもの》のなかから、巨大《きょだい》なリンカン像《ぞう》が静《しず》かなまなざしをそそぐ、印象的《いんしょうてき》な建物《たてもの》です。除幕式《じょまくしき》には息子《むすこ》ロバートも出席《しゅっせき》しました。アメリカの自由《じゆう》を象徴《しょうちょう》する場所《ばしょ》として、1963年《ねん》にマーティン・ルーサー・キング・ジュニアが差別《さべつ》をなくすことをうったえた「I Have a Dream《アイ ハブ ア ドリーム》」の演説《えんぜつ》など、多《おお》くの歴史的瞬間《れきしてきしゅんかん》の舞台《ぶたい》となりました。

連邦議会《れんぽうぎかい》

連邦議会《れんぽうぎかい》とは、アメリカ合衆国《がっしゅうこく》の法律《ほうりつ》を制定《せいてい》する機関《きかん》です。１７７４年《ねん》、13の植民地《しょくみんち》の代表者《だいひょうしゃ》がペンシルベニア州《しゅう》フィラデルフィアに集《あつ》まって開《ひら》いた「大陸会議《たいりくかいぎ》」が、その始《はじ》まりだといわれています。

議会《ぎかい》は、アメリカ合衆国《がっしゅうこく》の各州《かくしゅう》を代表《だいひょう》する「上院《じょういん》」と、国民《こくみん》を代表《だいひょう》する「下院《かいん》」に分《わ》かれています。１７８９年《ねん》、第《だい》1議会《ぎかい》がニューヨークで開《ひら》かれたときに、会議場《かいぎじょう》の2階《かい》を使《つか》ったグループが上院《じょういん》、1階《かい》を使《つか》ったグループが下院《かいん》とよばれ、そのよび名《な》が定着《ていちゃく》しました。

上院《じょういん》の議席《ぎせき》は100で、人口《じんこう》や面積《めんせき》にかかわらず、各州《かくしゅう》から2名《めい》ずつ選《えら》ばれます。任期《にんき》は6年《ねん》で、2年《ねん》ごとに議席《ぎせき》の3分《ぶん》の1ずつ選挙《せんきょ》がおこなわれます。

下院《かいん》の議席《ぎせき》は435で、2年《ねん》ごとにすべての議席《ぎせき》に対《たい》して選挙《せんきょ》がおこなわれます。アラスカなど人口《じんこう》の少《すく》ない州《しゅう》は1名《めい》、カリフォルニアなど人口《じんこう》の多《おお》い州《しゅう》では50名以上《めいいじょう》が選《えら》ばれます。

議員《ぎいん》に立候補《りっこうほ》できるのは、下院《かいん》が25歳《さい》、上院《じょういん》は30歳《さい》からです。18歳以上《さいいじょう》のアメリカ国民《こくみん》による投票《とうひょう》で選挙《せんきょ》がおこなわれます。

中間選挙《ちゅうかんせんきょ》

アメリカ大統領選挙《だいとうりょうせんきょ》は4年《ねん》おきにおこなわれますが、その選挙《せんきょ》と選挙《せんきょ》の中間《ちゅうかん》（つまり大統領選挙《だいとうりょうせんきょ》から2年後《ねんご》）におこなわれる上下両院議員《じょうかりょういんぎいん》の選挙《せんきょ》を中間選挙《ちゅうかんせんきょ》といいます。このタイミングで、上院議員《じょういんぎいん》の3分《ぶん》の1と下院議員《かいんぎいん》の全員《ぜんいん》に対《たい》して選挙《せんきょ》がおこなわれるため、規模《きぼ》や、その結果《けっか》がおよぼす影響《えいきょう》の大《おお》きい選挙《せんきょ》となっています。就任《しゅうにん》（もしくは再選《さいせん》）した大統領《だいとうりょう》の任期《にんき》の折《お》り返《かえ》し地点《ちてん》でおこなわれるため、大統領《だいとうりょう》や政権《せいけん》を担当《たんとう》する与党《よとう》に対《たい》する国民《こくみん》の通知表《つうちひょう》のような役割《やくわり》もになっています。

大統領選挙《だいとうりょうせんきょ》

大統領選挙《だいとうりょうせんきょ》は大《おお》きく2つの段階《だんかい》に分《わ》かれます。最初《さいしょ》は各政党《かくせいとう》がそれぞれの大《だい》統領候補者《とうりょうこうほしゃ》を選《えら》ぶ予備選挙《よびせんきょ》で、党員《とういん》による選挙《せんきょ》です（政党《せいとう》に登録《とうろく》していなくても投票《とうひょう》できる州《しゅう》もあります）。次《つぎ》におこなわれるのが本選挙《ほんせんきょ》で、予備選挙《よびせんきょ》で選《えら》ばれた大統領候補者《だいとうりょうこうほしゃ》のなかから大統領《だいとうりょう》を選《えら》びます。

本選挙《ほんせんきょ》では、まず一般選挙《いっぱんせんきょ》で「選挙人《せんきょにん》」を選《えら》びます。投票《とうひょう》できるのは、アメリカ合衆国《がっしゅうこく》の国籍《こくせき》を持《も》ち、18歳以上《さいいじょう》で投票者登録《※とうひょうしゃとうろく》が済《す》んでいる人《ひと》です。投票《とうひょう》は大統領候補者《だいとうりょうこうほしゃ》に直接投票《ちょくせつとうひょう》するのではなく、自分《じぶん》たちのかわりに投票《とうひょう》する選挙人《せんきょにん》を選《えら》ぶ形《かたち》でおこなわれる間接選挙《かんせつせんきょ》です。選挙人《せんきょにん》はどの候補者《こうほしゃ》に投票《とうひょう》するのかを最初《さいしょ》から明《あき》らかにしていて、選挙人《せんきょにん》の数《かず》は州《しゅう》ごとに決《き》まっています（人口《じんこう》の多《おお》い州《しゅう》ほど多《おお》くなります）。そして、ほとんどの州《しゅう》では得票数《とくひょうすう》がいちばん多《おお》い大統領候補者《だいとうりょうこうほしゃ》が、その州《しゅう》の選挙人《せんきょにん》すべての票《ひょう》を獲得《かくとく》します。たとえば、ある州《しゅう》でA候補《エーこうほ》が過半数《かはんすう》の票《ひょう》を獲得《かくとく》し、B候補《ビーこうほ》は過半数以下《かはんすういか》の票《ひょう》しか獲得《かくとく》できなかった場合《ばあい》、その州《しゅう》の選挙人《せんきょにん》はすべてA候補《エーこうほ》のものになるというしくみです。これを「勝者総取《しょうしゃそうど》り方式《ほうしき》」といいます。

※アメリカ合衆国《がっしゅうこく》では、投票《とうひょう》する資格《しかく》があっても事前《じぜん》に登録《とうろく》をしなければ投票《とうひょう》ができない

歴代《れきだい》でもっとも人気《にんき》の高《たか》い大統領《だいとうりょう》

いちばん右《みぎ》がリンカン　©Dean Franklin

アメリカ合衆国《がっしゅうこく》の理念《りねん》である「自由《じゆう》と平等《びょうどう》」の実現《じつげん》に尽《つ》くしたリンカンは、歴代《れきだい》でもっとも人気《にんき》の高《たか》い大統領《だいとうりょう》だといわれています。

リンカンは、サウスダコタ州《しゅう》ラシュモア山《さん》の岩肌《いわはだ》に巨大《きょだい》な彫像《ちょうぞう》としてきざまれ、建国《けんこく》の父《ちち》ワシントン、独立宣言《どくりつせんげん》を書《か》いたジェファソン、ノーベル平和賞《へいわしょう》を受賞《じゅしょう》したローズベルトと並《なら》んで、永遠《えいえん》にアメリカ合衆国《がっしゅうこく》を見守《みまも》り続《つづ》けています。

アメリカ大統領選挙《だいとうりょうせんきょ》の流《なが》れ

予備選挙《よびせんきょ》 各政党《かくせいとう》のなかで大統領候補《だいとうりょうこうほ》を選《えら》びます。

大統領《だいとうりょう》に立候補《りっこうほ》する

アメリカ合衆国《がっしゅうこく》で生《う》まれ、14年以上《ねんいじょう》アメリカ合衆国《がっしゅうこく》に住《す》んでいる35歳以上《さいいじょう》の人《ひと》は、誰《だれ》でも立候補《りっこうほ》することができます。

↓

代議員《だいぎいん》を選《えら》ぶ

代議員《だいぎいん》とは、州《しゅう》の党員《とういん》を代表《だいひょう》し、大統領候補《だいとうりょうこうほ》を選《えら》ぶ権利《けんり》を持《も》つ人《ひと》のことです。各州《かくしゅう》でおこなわれる予備選挙《よびせんきょ》または党員集会《とういんしゅうかい》で代議員《だいぎいん》を選《えら》びます。多《おお》くの政党《せいとう》や州《しゅう》では、ここで選《えら》ばれる代議員《だいぎいん》がどの大統領候補《だいとうりょうこうほ》に投票《とうひょう》するかを最初《さいしょ》から明《あき》らかにしています。投票《とうひょう》する人《ひと》はそれを見《み》て代議員《だいぎいん》を選《えら》びます。

↓

全国党大会《ぜんこくとうたいかい》で大統領候補《だいとうりょうこうほ》を選《えら》ぶ

全国党大会《ぜんこくとうたいかい》で過半数《かはんすう》の代議員《だいぎいん》を獲得《かくとく》した候補者《こうほしゃ》が指名《しめい》されます。

↓

本選挙《ほんせんきょ》 各党《かくとう》の候補者《こうほしゃ》から大統領《だいとうりょう》を選《えら》びます。

選挙人《せんきょにん》を選《えら》ぶ（一般選挙《いっぱんせんきょ》）

選挙人《せんきょにん》とは、大統領選挙《だいとうりょうせんきょ》に投票《とうひょう》する権利《けんり》を持《も》つ人《ひと》のことです。選挙人候補者《せんきょにんこうほしゃ》は各政党《かくせいとう》が選《えら》びます。投票《とうひょう》する人《ひと》は、自分《じぶん》が支持《しじ》する大統領候補者《だいとうりょうこうほしゃ》に投票《とうひょう》することで、その候補者《こうほしゃ》と同《おな》じ政党《せいとう》の選挙人《せんきょにん》を選《えら》んだことになります。

↓

各州《かくしゅう》で選挙人《せんきょにん》が大統領候補《だいとうりょうこうほ》に投票《とうひょう》する

一般選挙《いっぱんせんきょ》で勝敗《しょうはい》ははっきりしていますが、正式《せいしき》に選《えら》ばれた選挙人《せんきょにん》が選挙人集会《せんきょにんしゅうかい》に参加《さんか》し、大統領候補者《だいとうりょうこうほしゃ》に投票《とうひょう》します。全米《ぜんべい》の選挙人《せんきょにん》538人《にん》のうち、過半数《かはんすう》の270人《にん》以上《いじょう》の票《ひょう》を獲得《かくとく》した候補者《こうほしゃ》が、大統領《だいとうりょう》に当選《とうせん》します。

↓

大統領《だいとうりょう》が決定《けってい》する

基礎知識《きそちしき》
年表《ねんぴょう》

リンカンの生《い》きた時代《じだい》

年表《ねんぴょう》の見方《みかた》
年齢《ねんれい》はその年《とし》の満年齢《まんねんれい》を表《あらわ》しています。

西暦《せいれき》	年齢《ねんれい》	リンカンの生涯《しょうがい》	世界《せかい》と日本《にほん》の主《おも》な出来事《できごと》
1809年《ねん》		2月《がつ》12日《にち》、アメリカ合衆国《がっしゅうこく》ケンタッキー州《しゅう》で、父《ちち》トーマスと母《はは》ナンシーの長男《ちょうなん》として生《う》まれる。兄弟《きょうだい》に2歳年上《さいとしうえ》の姉《あね》サラがいる。	ルイ・ブライユが生《う》まれる。
1816年《ねん》	7歳《さい》	リンカン一家《いっか》がインディアナ州《しゅう》に引《ひ》っこす。	
1818年《ねん》	9歳《さい》	10月《がつ》5日《か》、母《はは》ナンシーが亡《な》くなる。	伊能忠敬《いのうただたか》が亡《な》くなる。
1819年《ねん》	10歳《さい》	父《ちち》トーマスがサリー・ブッシュ・ジョンストンと再婚《さいこん》して、サリーが新《あたら》しい母《はは》となる。サリーの子《こ》どものエリザベス、ジョン、マティルダが兄弟《きょうだい》となる。	クララ・シューマンが生《う》まれる。

1826年《ねん》	17歳《さい》	オハイオ川《がわ》で、渡《わた》し船《ぶね》で蒸気船《じょうきせん》まで人《ひと》を渡《わた》す仕事《しごと》をする。	
1828年《ねん》	19歳《さい》	姉《あね》サラが亡《な》くなる。平底船《ひらぞこせん》でミシシッピ川《がわ》を下《くだ》り、ニューオーリンズへ行《い》く。	西郷隆盛《さいごうたかもり》が生《う》まれる。
1830年《ねん》	21歳《さい》	リンカン一家《いっか》がイリノイ州《しゅう》に引《ひ》っこす。	フランスで七月革命《しちがつかくめい》が起《お》こる。
1831年《ねん》	22歳《さい》	家族《かぞく》と別《わか》れて、イリノイ州《しゅう》ニューセイラムの雑貨店《ざっかてん》で働《はたら》く。ニューオーリンズでどれい市場《いちば》を見《み》る。雑貨店《ざっかてん》の客《きゃく》にもらいすぎた代金《だいきん》6セントを、3マイル（約《やく》4・8キロメートル）歩《ある》いて返《かえ》しにいく。	
1832年《ねん》	23歳《さい》	4月《がつ》、「ブラックホークの戦争《せんそう》」で義勇兵《ぎゆうへい》の部隊《ぶたい》に参加《さんか》し、隊長《たいちょう》に選《えら》ばれる。イリノイ州《しゅう》議会議員《ぎかいぎいん》に立候補《りっこうほ》するが、落選《らくせん》する。ウィリアム・ベリーと雑貨店《ざっかてん》を立《た》ち上《あ》げるが、翌年《よくねん》店《みせ》がつぶれる。	

西暦《せいれき》	年齢《ねんれい》	リンカンの生涯《しょうがい》	世界《せかい》と日本《にほん》の主《おも》な出来事《できごと》
1833年《ねん》	24歳《さい》	ニューセイラムの郵便局長《ゆうびんきょくちょう》になる。測量《そくりょう》の仕事《しごと》を始《はじ》める。	イギリスでどれい制度廃止法《せいどはいしほう》が成立《せいりつ》する。ノーベルが生《う》まれる。
1834年《ねん》	25歳《さい》	8月《がつ》、イリノイ州議会議員《しゅうぎかいぎいん》に当選《とうせん》する。	
1836年《ねん》	27歳《さい》	弁護士試験《べんごししけん》に合格《ごうかく》する。イリノイ州議会議員《しゅうぎかいぎいん》に再選《さいせん》する。	坂本龍馬《さかもとりょうま》が生《う》まれる。
1837年《ねん》	28歳《さい》	3月《がつ》、スプリングフィールドに引《ひ》っこし、友人《ゆうじん》スチュアートと法律事務所《ほうりつじむしょ》を開《ひら》く。	イギリスでヴィクトリア女王《じょおう》が即位《そくい》する。
1838年《ねん》	29歳《さい》	イリノイ州議会議員《しゅうぎかいぎいん》に3度目《どめ》の当選《とうせん》をする。	
1840年《ねん》	31歳《さい》	イリノイ州議会議員《しゅうぎかいぎいん》に4度目《どめ》の当選《とうせん》をする。	
1842年《ねん》	33歳《さい》	11月《がつ》4日《か》、メアリー・トッドと結婚《けっこん》する。	
1843年《ねん》	34歳《さい》	長男《ちょうなん》ロバートが生《う》まれる。	

1846年《ねん》	37歳《さい》	次男《じなん》エドワードが生《う》まれる。 連邦下院議員《れんぽうかいんぎいん》に当選《とうせん》する。	アメリカ・メキシコ戦争《せんそう》が始《はじ》まる。
1847年《ねん》	38歳《さい》	ワシントンD.C.《ディーシー》に引《ひ》っこす。	エジソンが生《う》まれる。
1848年《ねん》	39歳《さい》	ウィリアム・ベリーの借金《しゃっきん》を返済《へんさい》し終《お》える。	
1849年《ねん》	40歳《さい》	スプリングフィールドにもどり、弁護士《べんごし》として活動《かつどう》する。	葛飾北斎《かつしかほくさい》が亡《な》くなる。
1850年《ねん》	41歳《さい》	次男《じなん》エドワードが亡《な》くなる。 三男《なん》ウィリアムが生《う》まれる。	
1851年《ねん》	42歳《さい》	父《ちち》トーマスが亡《な》くなる。	第《だい》1回《かい》万国博覧会《ばんこくはくらんかい》がイギリスのロンドンで開催《かいさい》される。
1853年《ねん》	44歳《さい》	四男《なん》トーマスが生《う》まれる。	北里柴三郎《きたざとしばさぶろう》が生《う》まれる。 ペリーが日本《にほん》に来航《らいこう》する。

西暦《せいれき》	年齢《ねんれい》	リンカンの生涯《しょうがい》	世界《せかい》と日本《にほん》の主《おも》な出来事《できごと》
1854年《ねん》	45歳《さい》	連邦上院議員《れんぽうじょういんぎいん》に立候補《りっこうほ》するが、落選《らくせん》する。	日米和親条約《にちべいわしんじょうやく》がむすばれる。
1858年《ねん》	49歳《さい》	ふたたび連邦上院議員《れんぽうじょういんぎいん》に立候補《りっこうほ》し、民主党《みんしゅとう》のダグラスと争《あらそ》うが、落選《らくせん》する。	日米修好通商条約《にちべいしゅうこうつうしょうじょうやく》がむすばれる。
1860年《ねん》	51歳《さい》	5月《がつ》、共和党全国大会《きょうわとうぜんこくたいかい》で大統領候補《だいとうりょうこうほ》に指名《しめい》される。ニューヨーク州《しゅう》に住《す》む少女《しょうじょ》グレースから手紙《てがみ》でアドバイスされ、ひげをはやす。 11月《がつ》6日《か》、アメリカ合衆国大統領選挙《がっしゅうこくだいとうりょうせんきょ》で当選《とうせん》する。	
1861年《ねん》	52歳《さい》	3月《がつ》4日《か》、アメリカ合衆国第《がっしゅうこくだい》16代大統領《だいだいとうりょう》に就任《しゅうにん》する。 4月《がつ》、南北戦争《なんぼくせんそう》が始《はじ》まる。	ロシア帝国《ていこく》で農奴解放令《のうどかいほうれい》が公布《こうふ》される。
1862年《ねん》	53歳《さい》	2月《がつ》、三男《なん》ウィリアムが亡《な》くなる。 9月《がつ》22日《にち》、どれい解放予備宣言《かいほうよびせんげん》を発表《はっぴょう》する。	

1863年《ねん》	1864年《ねん》	1865年《ねん》
54歳《さい》	55歳《さい》	56歳《さい》
1月《がつ》1日《たち》、どれい解放宣言《かいほうせんげん》に署名《しょめい》する。 11月《がつ》19日《にち》、ゲティスバーグの戦没者墓地《せんぼつしゃぼち》で演説《えんぜつ》をおこなう（ゲティスバーグ演説《えんぜつ》）。	3月《がつ》、ユリシーズ・グラント将軍《しょうぐん》を連邦軍総司令官《れんぽうぐんそうしれいかん》に任《にん》命《めい》する。 6月《がつ》7日《か》、ふたたび大統領候補《だいとうりょうこうほ》に指名《しめい》される。 11月《がつ》8日《か》、アメリカ合衆国大統領選挙《がっしゅうこくだいとうりょうせんきょ》で再選《さいせん》する。	3月《がつ》4日《か》、大統領《だいとうりょう》（第《だい》2期《き》）に就任《しゅうにん》する。 4月《がつ》9日《か》、南北戦争《なんぼくせんそう》が終《お》わる。 4月《がつ》14日《か》、ワシントンD.C.《ディーシー》のフォード劇場《げきじょう》で観劇中《かんげきちゅう》に銃《じゅう》で撃《う》たれる。 4月《がつ》15日《にち》、フォード劇場《げきじょう》の向《む》かいの家《いえ》で亡《な》くなる。 4月《がつ》19日《にち》、国葬《こくそう》がとりおこなわれる。

参考文献

『アメリカ大統領と南部　合衆国の光と影』
奥田暁代著　慶應義塾大学出版会
『業火の試練　エイブラハム・リンカンとアメリカ奴隷制』
エリック・フォーナー著　森本奈理訳　白水社
『リンカーン演説集』
高木八尺・斎藤 光訳　岩波書店
『アメリカ自由の物語　植民地時代から現代まで　上・下』
エリック・フォーナー著　横山 良・竹田 有・常松 洋・肥後本芳男訳　岩波書店
『南北戦争のなかの女と男　愛国心と記憶のジェンダー史』
ニナ・シルバー著　兼子 歩訳　岩波書店
『リンカーン　上・中・下』
ドリス・カーンズ・グッドウィン著　平岡 緑訳　中央公論社
『民衆のアメリカ史　上・下』
ハワード・ジン著　猿谷 要監修　富田虎男・平野 孝・油井大三郎訳　明石書店
『学校では教えてくれない本当のアメリカの歴史　上・下』
ハワード・ジン著　レベッカ・ステフォフ編著　鳥見真生訳　あすなろ書房
『リンカーンの世紀　アメリカ大統領たちの文学思想史』
巽 孝之著　青土社
『戦死とアメリカ　南北戦争62万人の死の意味』
ドルー・ギルピン・ファウスト著　黒沢眞里子訳　彩流社
『アメリカの奴隷制を生きる　フレデリック・ダグラス自伝』
フレデリック・ダグラス著　樋口映美監修　専修大学文学部歴史学科南北アメリカ史研究会訳　彩流社
『アメリカ政治史　A History of American Politics』
久保文明著　有斐閣
『アメリカの歴史　テーマで読む多文化社会の夢と現実』
有賀夏紀・油井大三郎編　有斐閣
『アメリカ彦蔵自伝　1』
浜田彦蔵著　中川 務・山口 修訳　平凡社

漫画：迎 夏生（むかい・なつみ）

漫画家。著書は『コミック版フォーチュン・クエスト』『ワンダル・ワンダリング』『迎夏生作品集 極東平原』『+ANIMA(プラスアニマ)』 (すべてメディアワークス)、『Nui!』(ジャイブ)、『コミック版 世界の伝記12 ベートーベン』『コミック版 世界の伝記21 エリザベス女王1世』『コミック版 世界の伝記26 クレオパトラ』『コミック版 世界の伝記31 クララ・シューマン』『コミック版 世界の伝記33 ルイ・ブライユ』『コミック版 世界の伝記34 マイヤ・プリセツカヤ』『コミック版 世界の伝記36 エカチェリーナ２世』(すべてポプラ社)などがある。小説挿絵に『フォーチュン・クエスト』シリーズ、『IQ探偵タクト』(ともに深沢美潮著／ポプラ社)などがある。

監修：奥田暁代（おくだ・あきよ）

慶應義塾大学法学部教授。慶應義塾大学文学部英米文学科卒業。ノースカロライナ大学チャペルヒル校英文科大学院修士課程／博士課程修了。2005年博士号取得。アフリカ系アメリカ文学専攻。著書に『アメリカ大統領と南部 合衆国史の光と影』(慶應義塾大学出版会)、共著に『物語のゆらめき アメリカン・ナラティヴの意識史』(巽 孝之、渡部桃子編著／南雲堂)、『多文化主義で読む英米文学 あたらしいイズムによる文学の理解』(木下 卓、笹田直人、外岡尚美編著／ミネルヴァ書房)、『記憶を紡ぐアメリカ 分裂の危機を超えて』(近藤光雄、鈴木 透、マイケル・W・エインジ、常山菜穂子／慶応義塾大学出版会)、翻訳に『美しき闘争』(タナハシ・コーツ著／慶應義塾大学出版会)などがある。

本文・見返しイラスト／ank
編集協力／甲田秀昭（株式会社J's publishing）
　　　　　鈴木丈二（manic）
デザイン協力／株式会社ウエイド

コミック版　世界の伝記㊵
リンカン

2018年５月　第1刷
2024年２月　第7刷

漫　画　迎 夏生
発行者　加藤裕樹
編　集　鍋島佐知子
発行所　株式会社ポプラ社
〒102-8519　東京都千代田区麹町 4-2-6

ホームページ　www.poplar.co.jp

印刷・製本　図書印刷株式会社

ISBN978-4-591-15865-4　N.D.C.289　126p　23cm　Printed in Japan

P7107040

君《きみ》の決心《けっしん》がほんとうに固《かた》ければ、
もうすでにその願《ねが》いの半分《はんぶん》は

今日《きょう》の努力《どりょく》は
今《いま》だけのためではない。

労働《ろうどう》は真《しん》に
価値《かち》のあるものだ。

私《わたし》にとって
何《なに》より大切《たいせつ》なのは、
仲間《なかま》から心《こころ》より
尊敬《そんけい》されること。
努力《どりょく》をすることで、
その尊敬《そんけい》される
価値《かち》のある者《もの》に